토저가 추구한 하늘 보화

GEMS FROM TOZER
by A. W. Tozer

Copyright 1979 by Zur, Ltd.,
Originally published in English under the title
Gems from Tozer by A. W. Tozer.
No other edition of Gems from Tozer may be used.
Zur, Ltd., Camp Hill,. PA, USA
All rights reserved.

Korean Edition published by Word of Life Press, Seoul 2009
Translated and published by permission.
Printed in Korea.

토저가 추구한 하늘 보화

ⓒ 생명의말씀사 2009

2004년 4월 20일 1판 1쇄 발행
2017년 6월 5일　　 4쇄 발행

펴낸이 | 김재권
펴낸곳 | 생명의말씀사

등록 | 1962. 1. 10. No.300-1962-1
주소 | 서울시 종로구 경희궁1길 5-9(03176)
전화 | 02)738-6555(본사) · 02)3159-7979(영업)
팩스 | 02)739-3824(본사) · 080-022-8585(영업)

기획편집 | 박미현
캘리그라피 | 페이퍼마임
디자인 | 오수지, 임수경
인쇄 | 영진문원
제본 | 정문바인텍

ISBN 978-89-04-15844-7 (04230)
　　　89-04-18075-9 (세트)

저작권자의 허락없이 이 책의 일부 또는 전체를
무단 복제, 전재, 발췌하면 저작권법에 의해 처벌을 받습니다.

토저가 추구한
하늘 보화

A.W. 토저 지음 | 조계광 옮김

The Best

생명의말씀사

목 차

1 GEMS FROM TOZER
바로 알라

1장_하나님에 관하여 · 10
하나님을 알지 못하면 멸망한다 | 하나님을 아는 방법이 있다 | 잘못된 지식은 영혼을 구속한다 | 바로 알고 바로 믿어라 | 하나님으로부터 시작하라 | 하나님을 인간의 틀에 맞추지 마라

2장_그리스도에 관하여 · 21
예수 그리스도는 주님인가, 상징인가? | 참 하나님이요 참 인간이신 그리스도 | 참 그리스도를 믿어라 | 예수 그리스도께 주권을 내어드려라

3장_성령 충만에 관하여 · 29
성령 충만은 생명력의 호흡이다 | 성령 충만의 축복을 받는 법 | 성령의 사역은 영혼을 회복시킨다 | 은사, 섬김을 위한 특별한 선물 | 성령 충만을 막는 요소를 극복하라

4장_진리에 관하여 · 40
삶으로 살아내야 진리가 된다 | 성령의 조명이 영적 진리를 밝힌다 | 성령의 조명만이 믿음의 눈을 뜨게 한다 | 성령의 조명이 진리의 본질을 알려 준다 | 말씀을 이해하는가, 진리를 경험하는가

5장_인간에 관하여 · 49
비어있는 마음의 밀실을 채워라 | '무엇'이 아닌 '누군가'로 채워라 | 성령의 침투로 마음의 본질을 지켜라 | 죄는 가장 귀한 것을 잃게 한다 | 인간, 순간을 사는 영원한 존재

2 GEMS FROM TOZER
온전히 서라

6장_예배로 하나님 앞에   60
잃어버린 예배를 회복하라 | 하나님이 놀랍고 두려운가
먼저 예배자가 되어라

7장_십자가에 못박은 자아로   66
죽음 없는 십자가는 생명도 없다 | 하나님의 보좌에 앉은 자아를 보라
자신의 육체를 십자가에 못 박으라

8장_회복된 교회의 모습으로   73
교회에 임하는 성령의 권능을 회복하라 | 세속화된 교회의 가르침을 분별하라
결코 종교적으로 타협하지 말라 | 과학을 진리의 근거로 삼지 말라

9장_새 생명의 믿음으로   80
새 생명체로 거듭나고 성장하라 | 자기애를 믿음으로 위장하지 말라 | 무엇을 믿는가?
믿음은 혁명이다 | 믿음은 순종을 낳는다 | 믿음은 세상을 버리는 것이다

10장_바르게 분별함으로   91
미혹에 빠지지 않도록 주의하라 | 신앙적 경험을 판단하는 기준
믿음과 건전한 의심을 조화하라

3 삶에서 행하라
GEMS FROM TOZER

11장_ 경건의 삶을 훈련하며 · 104
영적 감수성을 길러라 | 문명사회에서 자신을 지켜라 | 진심으로 헌신을 결단하라 | 생각을 정결하게 가꾸어라 | 하나님 앞에서 자신의 삶에 엄격하라 | 주님의 가족으로 연합하라

12장_ 증인의 사명을 감당하며 · 113
하나님이 우리를 필요로 하시는가? | 먼저 증인에 합당한 영성을 가지라 | 영원한 승리를 바라보라

13장_ 거룩한 삶을 추구하며 · 119
하나님과의 관계를 회복하라 | 영적 침체를 예방하라 | 말씀을 가까이 하라 | 의지를 바꿔라 | 마음을 지켜라 | 하나님의 능력을 소유하라

14장_ 시대적 요청에 응답하며 · 130
새로운 지도자가 필요하다 | 하나님의 영광을 사모하라 | 뜨거운 마음과 냉정한 판단을 유지하라 | 삶으로 믿음의 능력을 나타내라 | 주를 위한 고난을 선택하라

15장_ 영적 부흥을 기대하며 · 139
사랑과 순종은 하나다 | 구원은 하나님의 주권에 달렸다 | 기도로 순종을 대신하지 마라 | 오직 하나님만 바라보라 | 하나님의 임재 가운데로 들어가라

부록_ A.W. 토저의 생애와 작품세계

기도의 사람, 선지자의 삶
오직 하나님만을 추구했던 토저의 생애
토저가 남긴 유산, 유행을 타지 않는 진리
토저의 대표작 소개
토저의 갈망, 토저의 기도

주 166

> **토저**의 책들은 레이저 광선이 투사하듯 내 마음을 예리하게 파고들었다. 아직 토저를 읽어보지 못했다면 무엇을 기다리고 있는지 묻고 싶다. 토저를 읽기 위해 보내는 30분이 성경주석을 읽는 일주일보다 유익할 것이다. 또한 토저의 책을 읽었다면 토저의 삶을 살펴보라. 그림을 바르게 이해하기 위해 화가의 삶을 연구하듯 작가의 삶을 통해 그의 생각을 더 깊이 이해할 수 있다. _**워렌 위어스비**

GEMS FROM TOZER : **1부**

바로 알라

1장 • 하나님에 관하여
2장 • 그리스도에 관하여
3장 • 성령 충만에 관하여
4장 • 진리에 관하여
5장 • 인간에 관하여

바로 알라_1장

하나님에 관하여

하나님을 알지 못하면 멸망한다

교회가 서서히 그 위엄을 잃어가는 것을 보며 우리는 분명한 징후를 감지한다. 하나님은 이제 우리를 시중드는 종으로 전락하고 만 것이다. 우리는 "**주님은** 나의 목자시니"라고 말하지 않고 "주님은 **나의 목자시니**"라고 말한다. 똑같은 말 같아도, 사실 그 의미는 동이 서에서 먼 것만큼이나 다르다.[2]

교회가 하나님에 대한 숭고한 신념을 버리고, 그 대신에 생각할 가치도 없는 저급하고 천박한 인간 숭배 사상으로 무장하고 말았다.

하나님에 관한 천박한 개념이 그리스도인들 사이에 만연한 탓에 도처에 온갖 악이 횡행하고 있다. 그리스도인의 삶에 관한 새로운 철학이 생겨난 것도 바로 이런 잘못된 종교적인 사고방식 때문이다.[3]

세상은 하나님을 아는 지식이 없어서 멸망하고, 교회는 그분의 임재를 경험하지 못하여 영적 기갈에 허덕인다.[6]

대부분의 사람들이 하나님을 실재하는 분이 아니라 한갓 추론의 결과물로 생각한다. 자신들이 적절하다고 판단한 증거에 근거하여 도출한 하나님일 뿐, 인격적인 관계를 통해 알 수 있는 분은 아니라는 것이다. 불신자들과 마찬가지로 저들에게도 하나님은 더 이상 살아계신 분이 아니다.

하나님을 아는 방법이 있다

하나님에 관한 이런 모호하고 막연한 인간적인 생각들과는 달리, 성경은 인격적인 만남을 통해 하나님을 알 수 있다고 잘라 말

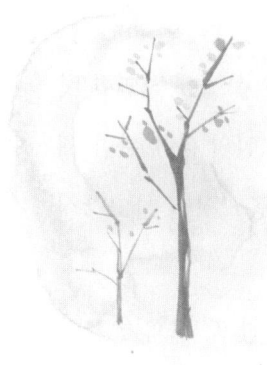
한다. 성경에는 사랑이 충만한 살아 계신 하나님에 대한 증언이 가득하다.

하지만 정작 구원받은 하나님의 자녀들이 성경이 증언하는, 하나님과 지속적으로 나누는 인격적인 교제에 관해 그토록 무지한 이유는 무엇일까? 그건 바로 고질적인 불신앙 때문이다. 하나님과 영적인 세계는 명백한 현실이다. 그러나 죄가 마음의 창을 더럽혀 더 이상 그것을 볼 수 없게 만들었다. 하나님은 보이지 않는 위대한 실재다.

하나님께 초점을 맞추는 순간 비로소 우리의 심령은 서서히 신령한 일들을 보기 시작한다. 그리스도의 말씀에 순종할 때 하나님의 계시가 우리의 마음에 나타난다(요 14:21-23). 하나님을 알게 하는 신령한 지혜에 사로잡혀 우리의 생명이자 전부인 하나님을 내밀하게 느끼고 맛보고 듣기 시작한다. 하나님은 우리의 모든 것이 되고, 그분의 임재는 우리의 삶을 영광과 경이로움으로 가득 채운다.[6]

하나님은 그리스도를 통해 자신을 완전히 나타내셨다. 물론 하나님은 이성으로가 아니라 믿음과 사랑으로 알 수 있는 분이다. 믿음은 하나님을 알게 하고, 사랑은 그분의 인격을 경험하게 한다. 하나님은 성육신으로 우리에게 오셨고, 대속으로 우리와 화목하셨다. 그리하여 우리는 믿음과 사랑으로 하나님께 나아갈 수 있고 그분과 교제할 수 있다. 사랑과 믿음은 하나님의 신비에 속한 것이다. 이성은 겸손히 물러나 무릎을 꿇어야 한다.[3]

잘못된 지식은 영혼을 구속한다

인간에 대한 사탄의 첫 공격은 하나님의 선하심에 대한 하와의 믿음을 교묘하게 무너뜨리는 것이었다. 그 때부터 인간은 하나님에 관하여 그릇된 생각을 하게 되었다. 하나님에 대해 비열한 혹은 부당한 개념을 가진 것만큼 인간의 영혼을 심하게 비틀고 흔드는 것은 없다. 바리새인들에게 하나님은 결코 인간을 관대하게 품어주는 분이 아니었다.

오늘날 선한 그리스도인들조차 비참한 일들을 겪는 이유는 하나님을 올바로 알지 못하기 때문이다. 그리스도인의 삶이란 기대하는 것만 많고 용서라곤 찾아볼 수 없는 엄격하기 짝이 없는 아버지의 감시 아래서 십자가를 짊어진 채로 침울하게 사는 것이라고 생각한다. 하지만 하나님은 어떤 존재와도 비교할 수 없을 만큼 사랑스러운 분이시고, 그분의 돌보심은 우리에게 말로 다할 수 없는 기쁨을 안겨준다. 하나님은 우리를 사랑하시며, 우리의 사랑을 우주 전체보다 더, 아니 우주가 수억 개 더 생긴다고 할지라도 그보다 더욱 귀히 여기신다.

불행하게도 많은 그리스도인들이 하나님을 왜곡된 개념으로 알고 있다. 그런 개념들은 심령에 해악을 끼치고 내면의 자유를 구속한다. 이런 그리스도인들은 '가인'처럼 열정도 기쁨도 없이 마땅히 해야 할 것만 행하며 의무감으로 하나님을 섬긴다.

하나님은 기꺼이 우리를 용납하시고 우리와 교제하시는 분이라는 것을 깨달아야 한다.[1]

하나님은 우리가 불안에 떨며 서둘러 예배하기를 원하지 않으시고, 시대를 좇아 기계적인 방법으로 자신께 나아가는 것도 인정하지 않으신다. 하나님을 알고자 한다면 그분께 시간을 드려야 한다.[2]

바로 알고 바로 믿어라

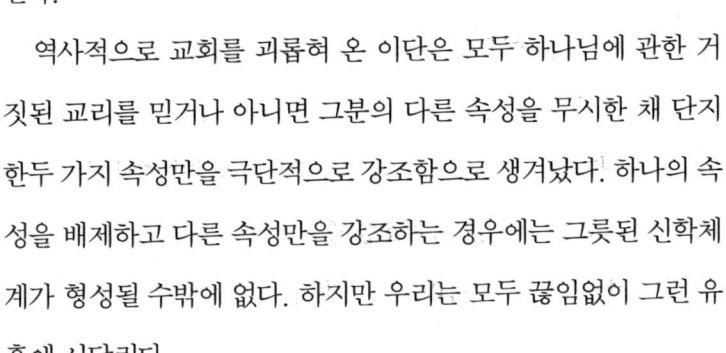

하나님의 활동은 그분의 속성과 일치한다. 즉, 하나님이 하신 일은 모두 그분의 신성에서 비롯한다. 그분에게 존재와 행함은 하나다. 하나님은 자신의 속성에 어긋나는 행동을 하지 않으신다.

역사적으로 교회를 괴롭혀 온 이단은 모두 하나님에 관한 거짓된 교리를 믿거나 아니면 그분의 다른 속성을 무시한 채 단지 한두 가지 속성만을 극단적으로 강조함으로 생겨났다. 하나의 속성을 배제하고 다른 속성만을 강조하는 경우에는 그릇된 신학체계가 형성될 수밖에 없다. 하지만 우리는 모두 끊임없이 그런 유혹에 시달린다.

예를 들어 성경은 하나님이 사랑이시라고 가르친다. 어떤 사람들은 이를 근거로 하나님이 공의로우신 분이라는 성경의 또 다른 진리를 외면한다. 또한 하나님의 선하심만을 강조하고 그분의 거룩하심을 도외시하는 사람들이 있는가 하면, 하나님의 긍휼만을 강조하고 그분의 진리에는 관심을 기울이지 않는 사람들도 있다. 또 어떤 사람들은 하나님의 선하심과 사랑을 배제하고 그분의 주권만을 지나치게 높이기도 한다.

하나님이 자신에 대해 계시하신 모든 것을 믿어야만 진리에 대한 올바른 견해를 유지할 수 있다. 계시된 하나님의 속성 가운데 못마땅해 보이는 것들은 추려내고 자신이 원하는 것들만 강조하면 엄중한 문책을 감당해야 한다.[3]

삼위 하나님은 따로 떨어져 사역하지 않으신다. 하나님이 행하신 모든 활동은 삼위 하나님이 함께 이루셨다.[2]

변하지 않는 하나님에게서 시작하라

하나님은 늘 변함이 없으시다는 진리를 깨달으면 마음에 평화가 찾아온다. 하나님 앞에 나갈 때는 그분이 우리의 요청을 들어주실 기분인지 아닌지를 염려할 필요가 없다. 하나님은 우리의 사랑과 믿음은 물론 불행과 필요에도 항상 관심을 기울이신다. 하나님은 근무시간을 따로 정해 두시거나, 아무도 만나지 않는

혼자만의 시간을 따로 떼어놓지도 않으신다. 또한 어떤 일에도 변덕을 부리지 않으신다. 하나님은 기분에 따라 행동하지 않으시며, 사랑이 식거나 열정이 사라지는 법도 없으시다. 하나님은 타협을 불허하실 뿐 아니라 속아 넘어가는 일도 없으시다. 하나님은 설득당하여 말씀을 바꾸는 분이 아니시며, 이기적인 기도에 응답하지도 않으신다. 하나님을 찾고, 그분을 기쁘시게 하며, 그분과 사귐을 가지려고 노력할 때 우리가 반드시 기억해야 할 것은, 변해야 하는 건 바로 우리 자신이라는 사실이다. 하나님은 "나는 네 주 하나님이다. 나는 결코 변하지 않는다."라고 말씀하신다. 우리는 분명히 선포된 하나님의 말씀을 듣고, 그분이 나타내신 뜻에 일치하는 삶을 살아야 한다. 그러면 하나님의 무한한 능력이 진리의 성경에 나타난 복음의 원리에 따라 우리의 삶에 항상 역사하실 것이다.[3]

하나님은 "나는 스스로 있는 자다. 나는 변하지 않는다." 라고 말씀하신다. 선원이 별을 보고 배의 위치를 파악하듯이 우리도 하나님을 바라봄으로써 우리의 도덕적 상태를 진단할 수 있다. 우리는 하나님에게서 시작해야 한다.

그리스도인들에게 찾아오는 많은 어려움들은 하나님을 올바로 알지 못하여 그분께 자신의 삶을 내어드리지 못하는 불신앙에서 비롯한다. 우리는 하나님을 우리 마음대로 변형시키려고 하며 그분을 우리 자신의 형상에 맞추려고 애쓴다. 우리의 육신은 하나님의 준엄한 판결을 짐짓 못마땅하게 여기며 육체적인 방법으로 스스로의 욕망을 채우기 위해 마치 아각처럼 조금만 봐주십사 하는 심정으로 애처로운 태도를 취하곤 한다. 하지만 그건 다 소용없는 일이다. 하나님을 올바로 알고 그분이 자신에 대해 계시하신 모습 그대로 사랑하는 법을 배울 때 우리는 올바른 출발선에 서는 것이다. 하나님을 더욱 깊이 알아갈수록 하나님이 스스로 계시는 하나님이시라는 것이 우리에게 무한한 기쁨의 근원이 됨을 깨닫게 될 것이다.[6]

하나님을 인간의 틀에 맞추지 마라

유한한 우리는 그 한계를 무한하신 하나님께 돌리려 든다. 하나님은 영원을 품고 계신다. 하나님께 시간의 경과란 존재하지 않는다. 하나님께는 영원한 현재만이 존재한다. 그러므로 그리스도 안에 있는 이들은 무한한 시간과 영원한 삶을 주님과 공유한다. 하나님은 결코 서두르지 않으신다. 그분에게 마감일자 따위는 없다. 이런 사실을 알 때 우리의 영혼은 평화를 얻고 안정을 누릴 수 있다. 하지만 그리스도를 믿지 않는 이들에게 시간은 먹이를 삼키려고 달려드는 맹수와 다름없다.

그리스도인은 하나님의 생명을 소유하며 그분의 무한하심을 함께 나눈다. 하나님 안에는 무한히 누릴 수 있는 생명이 존재한다. 그분의 사랑은 다함이 없다.[3]

믿음은 마음으로 하나님을 바라보는 것이다. 마음으로 하나님을 바라본다는 것은 내면의 눈을 들어 만물을 보고 계시는 하나님의 눈을 바라보는 것을 말한다. 그렇다면 믿음은 우리가 할 수 있는 일 가운데 가장 쉬운 일의 하나일 것이다. 하나님은 가장 중요한 일을 쉽게 행할 수 있는 기회를 우리에게 제공하셨다. 우리 가운데 가장 연약하고 비천한 이들도 얼마든지 믿음을 가질 수 있다.[6]

하나님을 아는 일은 세상에서 가장 쉽고도 어려운 일이다. 가장 쉬운 이유는 그것이 힘든 정신활동을 통해 얻는 지식이 아니라 값없이 주어지는 지식이기 때문이다. 햇빛이 들판을 비추듯이 거룩하신 하나님을 아는 지식은 그것을 믿고 받아들이는 이들에게 거저 주어진다. 반면에 그것이 가장 어려운 이유는 타락한 인간의 완고한 본성에는 쉽게 충족되지 않는다는 조건 때문이다.³

20세기 중반을 살아가는 요즘의 그리스도인들이 생각하는 하나님에 관한 지식은 너무 저급하기 짝이 없다. 그들의 생각은 지극히 높으신 하나님께 전혀 걸맞지 않다. 이것이 바로 오늘날의 그리스도인들이 도덕적으로 무너져 내리는 이유다.

우리가 하나님을 경외하는 마음을 잃어버렸기 때문에 신앙적인 두려움도, 하나님의 임재 의식도 모두 잃어버렸다. 또한 예배의 영을 잃어버려, 하나님을 만나기 위해 침묵으로 경배하며 내면으로 침잠하는 능력도 사라져버리고 말았다.³

같은 주제의 보물을 담은 참고 도서
『The Knowledge of the Holy, 하나님을 바로 알자』
『The Pursuit of God, 하나님을 추구함』
『The Root of the Righteous, 신앙의 기초를 세워라』

바로 알라_2장

그리스도에
관하여

예수 그리스도는 주님인가, 상징인가?

오늘날 예수 그리스도는 자신을 그리스도인이라고 칭하는 이들에게조차도 아무런 권위를 행사하지 못한다.

복음주의를 표방하는 교회들에서 그리스도는 사실 사랑의 상징에 불과하다. '모두 다 예수님의 능력을 찬송하라'는 교회의 대표 찬송가이고, 십자가는 교회의 공식적인 깃발이다. 하지만 매주 진행되는 예배와 교인들의 일상생활에서 모든 결정권은 그리스도가 아닌 다른 누군가의 손에 있다.

우리가 드리는 예배에서 과연 그리스도의 권위를 발견할 수 있는지 묻고 싶다. 오늘날 주님은 예배의 주체가 아니시다. 그분의 영향력은 지극히 미미하다. 우리는 그리스도를 완전히 배제한 채 그분을 찬송하고 그분에 관한 말씀을 전한다. 우리는 우리의 방식으로 예배를 드린다. 항상 그런 식으로 예배를 드려왔기 때문에 그것이 옳은 줄 안다.

하지만 종교적인 활동의 가치와 건전성을 판단할 수 있는 최상의 기준은 주님이 그 안에서 차지하는 비중이 어느 정도인가에 달려 있다. 그리스도는 과연 주님이신가, 아니면 단지 상징에 불과한 존재이신가? 혹시 그분을 프로그램을 주관하는 사람이나 교회의 일꾼 가운데 하나로 생각하고 있지는 않은가? 그리스도가 모든 결정권을 쥐고 계신가, 아니면 다른 사람들이 세운 계획을 옆에서 보조하는 존재인가? 모든 종교적인 활동은 "예수 그리스도가 주님으로서 그 일을 주관하고 계신가?" 하는 물음에 대한 답변으로 그 진위를 판가름할 수 있다.[21]

참 하나님이요 참 인간이신 그리스도

오늘날 우리 가운데는 거짓 그리스도가 엄청나게 많다. 청교도 존 오웬은 당시 사람들에게 "여러분은 가상의 그리스도를 신봉하고 있소. 만일 그런 가상의 그리스도를 만족스럽게 여긴다면 구원도 역시 가상의 구원에 만족하고 말 것이오."라고 경고했다.

그리스도는 오직 한 분이시다. 진정으로 구원받은 신자는 그리스도를 사랑할 뿐 아니라 그리스도의 존재와 인격에 대해 건전한 신학적 지식을 지닌다. 소설가가 묘사하는 낭만적인 그리스도도 있고, 거듭나지 못한 신자가 선호하는 감상적인 그리스도도 있고, 학자가 말하는 철학적인 그리스도도 있고, 유약한 시인이 그리는 푸근한 그리스도도 있고, 사내다움을 좋아하는 미국인들이 말하는 근육질의 그리스도도 있다. 하지만 유일하고 참되신 그리스도는 오직 한 분뿐이다. 하나님은 그분을 가리켜 자신의 아들이라고 말씀하신다.[14]

우리는 신약성경의 그리스도를 다른 그리스도로 대체하고 싶은 유혹에 늘 직면한다.

그리스도의 신성을 인정하는 사람들조차 종종 그분의 인성을 올바로 인식하지 못하는 잘못을 범한다. 우리는 예수님이 땅에 계시는 동안에 임마누엘 하나님으로서 '사람들과 함께 계셨다'는 사실은 자신 있게 주장하면서도, 지금은 그분이 '하나님과 함께 계시는 인자'로 중보자의 보좌에 앉아 계신다는 사실은 간과하는 경향이 있다. 신약성경은 지금, 바로 이 순간 하늘나라에는 하나님 앞에서 우리를 위해 간구하시는 분이 계신다고 증언한다. 그리스도는 아담이나 모세, 또는 바울과 같은 사람이시다. 영화의 단계를 거쳐 하늘에 오르셨다고 해서 그분의 인성이 사라진 것은 아니다. 그리스도는 오늘날에도 여전히 한 인간으로서 참된 인성을 지니고 계신다.

참된 그리스도를 믿어라

구원은 '그리스도의 완성된 사역을 단순히 인정하거나' '그리스도를 위해 결단함으로써' 이루어지는 것이 아니다. 완전하시며 살아 계신 승리자, 곧 하나님이자 인간이신 주님 예수 그리스도가 우리의 싸움을 대신 맡아 싸우시고 죄의 값을 다 치르신 후에 우리를 해방하기 위해 다시 부활하셨다는 사실을 믿을 때 구원이 이루어진다. 이것이 바로 참 그리스도의 모습이다. 참 그리스도 외에는 그 무엇으로도 구원을 이루지 못한다.

하지만 우리 가운데 늘 다른 것들이 끼어든다. 우리는 구원에 이르게 하지 못하는 그런 열등한 그리스도를 식별해 내어 단호히 배격해야 한다. 시적으로 묘사된 허구, 즉 낭만적인 상상이나 종교적 감상주의에 의해 빚어진 그리스도는 참 그리스도가 아니다. 온화하고, 친절하고, 말쑥하고, 수줍어하고, 어떤 사회와도 잘 어울리는 그리스도는 참 그리스도가 아니다. 그런 예수는 육체적인 욕망을 만족시키는 수단으로 이용될 뿐 주님으로 인정받을 수 없다. 유사(類似) 그리스도인들은 유사 그리스도를 신봉한다. 그들은 주님의 도우심만을 원할 뿐 그분의 간섭은 원치 않는다. 그들은 주님께 아첨할 뿐 결코 복종하지 않는다.

예수님은 인자로서 하늘과 땅의 모든 피조물보다 더 뛰어난 존재로 창조되어 고귀한 신분을 획득하셨다. 제자들은 그분이 하나님이시라는 사실을 굳이 강조할 필요가 없었다. 그들은 그분이 인간이 되셔야 했던 사실에 초점을 맞추어 말하는 것으로 족했다.

초창기 신자들은 나사렛 예수가 만물을 다스리는 주님이 되셨다고 믿었다. 그분은 여전히 그들의 친구셨고, 그들 가운데 한 사람이셨다. 하지만 그분은 잠시 그들을 떠나 그들을 대신해 하나님의 보좌가 있는 곳으로 나아가셨다. 이런 사실을 증명하는 증거는 바로 그들 가운데 거하시는 성령이셨다.

오늘날 우리가 도덕적으로 무능한 존재로 전락하게 된 이유 가운데 하나는 그릇된 기독론을 신봉하기 때문이다. 우리는 그리스도를 하나님으로 여길 뿐 그분이 영화의 단계를 거친 인간이라는 사실을 도외시하려 한다. 초대 교회의 능력을 재현하려면 그들이 믿었던 대로 믿어야 한다. 그들은 하나님이 인정하신 인간 예수 그리스도가 하늘나라에서 자신들을 위해 일하고 계신다고 믿었다.[4]

예수 그리스도께 주권을 내어드려라

가만히 세상을 들여다보자. 아니, 그보다는 그리스도가 앉아 계시고 우리 또한 그분 안에서 함께 앉은 하늘 위에서 세상을 지

굿이 내려다보자.⁴

그리스도를 양분하는 그릇된 교리를 주장하는 이들이 있다. 그들은 "그리스도는 구세주이자 주님이시다. 그러나 그리스도를 주님으로 인정하지 않더라도 그분을 구세주로 인정하기만 하면 구원을 받을 수 있다."라고 주장한다. 구세주이신 그리스도와 주님이신 그리스도는 서로 불가분의 관계다. 그리스도가 주님이 되셔야 한다. 그렇지 않으면 구세주가 될 수 없다.⁷

오늘날 예수 그리스도는 그리스도인이라고 자칭하는 이들에게 아무런 권위도 없다. 복음주의 교회 내에서 그리스도가 차지하는 현재 위치는 오늘날 입헌 군주국의 이름뿐인 군주와 다를 바 없다. 그런 군주는 국가나 국기처럼 충성심과 단합의 상징이자 국가적 결집의 초점에 지나지 않는다. 사람들의 칭송과 대접을 받고 경제적인 지원을 받지만 실질적인 권위는 지극히 미약하다. 명목상 왕으로 군림할 뿐 모든 결정권은 다른 사람이 쥐고 있다.²¹

그리스도가 우리의 세속적인 욕망을 만족시키기 위해 그분의 신성한 능력을 사용하신다는 가르침은 주님을 욕되게 할 뿐아니라 우리 자신의 영혼에 해를 입히는 결과를 낳는다. 현대 복음주의자들은 하나님의 주권과 그리스도의 주되심을 새로 배워야 한다. 하나님은 아담의 장단에 놀아나지 않으신다. 그리스도는 아담의 이기적인 혈통을 이어받은 인간에게 이용당하지 않으신다. 젊은 세대가 참되신 영광의 주님이 아니라, 인간의 편의에 의해 만들어진 그리스도를 신봉하는 불행한 전철을 되밟게 하지 않으려면 그런 사실을 가능한 빨리 깨닫는 것이 좋을 것이다.[7]

성령은 그리스도를 이론적으로 논증하는 일에는 관심이 없으시다. 그분은 십자가에 못 박혀 죽으시고 장사되었다가 다시 살아나셔서 지극히 높으신 하나님의 오른 편에 오르신 그리스도를 전하실 뿐이다.[1]

같은 주제의 보물을 담은 참고 도서
『Man : The Dwelling place of God, 임재 체험』
『Total Commitment to Christ_a sermon booklet』
『The Waning Authority of Christ in the Churches_a sermon booklet』

바로 알라_3장

성령 충만에
관하여

성령 충만은 생명력의 호흡이다

　냉철히 판단해 볼 때 오늘날 교회가 직면한 가장 중요한 문제는 다름 아닌 성령과 그리스도인의 관계라고 할 수 있다.[12]

　사탄은 다른 교리들과 마찬가지로 성령 충만한 삶을 가르치는 교리를 치열하게 방해한다. 사탄은 성령 충만의 교리를 혼잡케 하고 저지할 뿐 아니라 그릇된 개념과 두려움을 심어주어 접근하지 못하게 막는다. 사탄은 그리스도의 교회가 하나님 아버지에게서 피의 값으로 산 거룩한 선물을 받지 못하도록 방해한다. 불행히도 교회는 하나님의 자녀에게 성령의 충만과 놀랍고 완전한 만족을 주시는 성령의 기름부음이 주어진다는 위대한 진리를 소홀히 해 왔다.

성령 충만한 삶은 특별히 마련된 가외의 축복이 아니다. 그것은 하나님이 선택하신 백성을 위해 본래부터 생각하셨던 계획의 일부다. 성령은 조금도 이상하거나 낯설거나 두려운 존재가 아니다.

하나님 앞에 엎드려 맹렬하게 간청해야만 특별하고 색다른 성령 충만을 받을 수 있다는 생각은 잘못이다. 오히려 이와 관련한 성경의 진리를 조용히 묵상함으로써 얼마든지 그와 같은 축복을 받을 수 있다. 굳이 하나님을 설득하려고 애쓸 필요가 없다. 심슨 박사는 "성령 충만은 마치 호흡을 하는 것만큼이나 쉽다. 단지 숨을 내쉬었다가 들이쉬는 것으로 족하다."라고 말하곤 했다.

성령 충만의 축복을 받는 법

성령 충만을 받으려면 먼저 성령 충만을 받고자 하는 마음이 있어야 한다. 다른 무엇보다 성령으로 충만한 삶을 살기를 원한다는 확신이 필요하다. 성령이 우리를 사로잡으시는 순간 그분이 우리 삶의 주인이 되신다. 자기 영혼의 열쇠를 성령께 넘겨 드리기를 진정으로 원하는가?

  성령으로 충만해지기를 진정으로 원하는가? 현재의 삶의 방식에 만족할 수 없는가? "이대로는 더 이상 안 돼" 하는 심정을 느낄지도 모른다. 만일 그렇다면 새로운 영적 차원, 즉 전에 알지 못했던 깊고 신비로운 영적 교제와 순결함과 능력을 체험할 수 있는 길이 있다. 마땅히 맺어야 했지만 그렇지 못했던 영적 결실, 마땅히 이루어야 했지만 그렇지 못했던 승리를 안타까워한다면 기꺼이 하나님께 나아가 우리를 위해 마련하신 축복을 받으라.

  성령 충만을 받는 비결은 다음과 같다. 먼저 당신의 몸을 하나님께 드리라.

> 그러므로 형제들아 내가 하나님의 모든 자비하심으로 너희를 권하노니 너희 몸을 하나님이 기뻐하시는 거룩한 산 제물로 드리라 이는 너희가 드릴 영적 예배니라 너희는 이 세대를 본받지 말고 오직 마음을 새롭게 함으로 변화를 받아 하나님의 선하시고 기뻐하시고 온전하신

뜻이 무엇인지 분별하도록 하라_롬 12:1-2.

하나님이 당신의 몸을 소유하셔야만 그 안에 성령 충만의 축복을 부어주실 수 있다. 다시 한 번 묻겠다. 몸의 모든 기능, 즉 마음과 생각과 인격과 사랑과 욕망을 비롯한 전부를 하나님께 드릴 준비가 되어 있는가? 그렇다면 다음에 할 일은 구하는 일이다

구하라 그러면 너희에게 주실 것이요 찾으라 그러면 찾아낼 것이요 문을 두드리라 그러면 너희에게 열릴 것이니 구하는 이마다 받을 것이요 찾는 이는 찾아낼 것이요 두드리는 이에게는 열릴 것이니라_눅11:9-10.

누가복음 본문을 둘러싼 신학 논쟁은 모두 잊어버리자. 예수님은 우리에게 구하라고 권고하셨다. 그분의 권고대로 구해야 하지 않겠는가? 또한 성령 충만의 셋째 비결은 사도행전 5장 32절에서 찾아볼 수 있다.

하나님이 자기에게 순종하는 사람들에게 주신 성령도 그러하니라
_행 5:32.

하나님은 순종하는 이들에게 성령을 주신다. 성경 말씀을 읽고 이해되는 대로 즉시 실천에 옮겨라. 이는 단순하지만 혁명적인 일이다. 넷째 비결은 믿음이다.

> 너희가 성령을 받는 것이 율법의 행위로냐 혹은 듣고 믿음으로냐
> _갈 3:2.

믿음으로 구원의 주님을 영접했듯이 성령도 믿음으로 받을 수 있다. 성령은 우리에게 주어진 하나님의 선물이다. 물론 우리가 회심할 때 성령께서 우리에게 임하신다. 만일 성령의 역사가 없었다면 회심은 불가능했을 것이다. 하지만 내가 지금 말하는 성령 충만은 그것과는 다른 것, 즉 그것보다 한 걸음 더 나아간 단계를 뜻한다. 즉 진정한 의미의 성령 충만은 성령이 우리의 몸과 마음과 생각과 생명과 인격을 부드러우면서도 강력하게 장악하심으로써 우리가 하나님이 거하시는 처소로 변화하는 역사를 말한다.[11]

성령의 사역은 영혼을 회복시킨다

성령이 우리의 마음에 그리스도를 증거하시면 마치 포도주가 몸에 영향을 미치는 것처럼 온 영혼에 강력한 활력이 느껴진다. 성령 충만한 사람은 영적으로 강렬한 열정에 사로잡혀 있기 때문에 정신은 또렷하지만 술에 취한 것과 비슷한 양태를 보인다. 그런 사람은 항상 활력과 의욕이 넘치는 상태에서 하나님의 내주하심을 경험할 뿐 아니라 거룩한 열정에 사로잡혀 하나님의 사역에 매진한다.[5]

성령은 변증론이 증언하는 기독교의 진리를 인간의 마음에 기록하신다. 살아 계신 하나님의 성령은 논리가 필요하지 않은 증거를 제공하신다. 성령의 증거는 마치 번개 불빛처럼 사람의 영혼에 깊이 각인된다.[11]

성령의 가장 중요한 사역은 잃어버린 영혼을 거듭나게 하여 하나님과 올바른 관계를 맺게 하는 데 있다. 물론 성령은 믿는 자에게 은사와 능력을 나누어주어 사역을 행하게 하신다. 그러나 그에 앞서 거룩한 삶과 신령한 예배가 가장 먼저 이루어져야 한다.[8]

은사, 섬김을 위한 특별한 선물

우리가 지금까지 간과해 온 귀중한 축복 가운데 하나는 바로 성령의 은사다. 신약성경에 보면 성령의 은사가 자세하고 명확하게 소개되어 있다.

지난 몇 십 년 동안 그리스도인들은 성령의 은사를 둘러싸고 대략 세 가지 그룹으로 나뉘었다. 즉 성령의 은사만을 지나치게 과장하고 다른 데 관심을 두지 않는 사람들, 성령의 은사가 교회를 위해 예비한 축복이라는 사실을 부인하는 사람들, 성령의 은사에 관해 따분하게 여기고 아예 그것을 논하려는 노력조차 기울이지 않는 사람들로 각각 나뉜다.

반면에 최근 들어 성령의 은사를 알고 싶어하고, 신약성경이 증언하는 건전한 신앙의 원칙을 준수하면서 하나님이 자신들을 위해 예비하신 모든 것을 경험하고 싶어하는 사람들이 등장했다.

그들은 성령의 은사를 아홉 가지로 꼽는다(이는 바울이 고린도전서 12장에서 아홉 가지 은사를 언급했기 때문일 것이다). 하지만 바울은 사실 최소한 열일곱 가지의 은사를 말했다(고전 12:4-11, 27-31, 롬 12:3-8, 엡 4:7-11). 이들 은사는 타고난 재능이 아니라 성령이 그리스도의 몸을 섬기도록 나누어주신 특별한 선물을 뜻한다. 한 마디로 그것들은 영적 은사다.

일부 복음주의 지도자들은 성령의 은사가 신약성경이 완성된 사도시대를 끝으로 완전히 중단되었다고 주장한다. 물론 성경적인 근거가 없는 주장이다. 그런 잘못된 주장이 제기된 원인은 우리 가운데 성령의 은사를 받은 사람이 극히 드물다는 데 있다. 오늘날처럼 어두운 시대는 예언의 은사를 받은 사람들을 간절히 필요로 한다. 하지만 우리 가운데는 여론조사와 설문조사와 패널 토의를 주관하는 사람들만 존재한다. 우리는 지식의 은사를 가진 자를 필요로 한다. 하지만 그들 대신에 학위를 소지한 이들만 즐비하다. 어쩌면 이 비극적인 시대에, 하나님이 소위 복음주의자들을 버려둔 채로 신약성경이 말하는 기독교의 진리를 이 땅에 다시 회복하시려고 변화를 일으키실 때 우리가 쓰임 받도록 준비해야 할 것이다.

성경은 성령의 은사를 받으라고 명령한다. 하지만 주의해야 할 점이 있다. 바울이 주의를 기울여 설명하고 있는 대로, 성령의 다양한 은사가 모두 똑같은 가치를 지니고 있지는 않다. 일부 신자는 열일곱 가지 은사 가운데 하나만을 터무니없이 강조한다.

그런 신자들 가운데는 경건한 믿음의 소유자들도 많았지만 그런 식의 주장은 결국 좋지 못한 도덕적 결과를 야기했다. 즉 겸손한 태도를 취하지 않고 은사를 과시하려는 입장은 그리스도를 의존하기보다 드러나는 경험과 현상을 의지하려고 한다. 그 결과 육체의 사역과 성령의 역사를 구별하지 못하는 잘못된 결과를 초래한다. 성령의 은사가 오늘날에도 계속된다는 사실을 부인하거나 각자의 취향을 은사라고 고집하는 입장 역시 잘못이기는 마찬가지다. 그런 잘못된 생각에서 비롯한 결과를 우리 모두가 고스란히 떠안고 있다.[12]

성령 충만을 막는 요소를 극복하라

성령의 능력을 받는 데 가장 큰 장애요소 가운데 하나는 신앙생활이 자칫 감정에 치우칠까봐 우려하는 마음이다. 요즘 사람들은 감정과 믿음을 서로 반대되는 것으로 생각한다. 하지만 그런 식의 반(反)감성주의는 근거 없는 추론일 뿐 성경적인 교리가 아니다. 감정과 믿음이 서로 상치된다고 가르치는 성경구절이 과연 어디에 있는가? 오히려 생명이 활동을 야기하듯이 믿음은 감정을 유발한다. 성경은 결코 감정이 결여된 냉랭한 믿음을 가르치지 않는다. 예를 들어 사도행전은 기쁨의 감정으로 가득하다.

또 하나의 장애요소는 광신주의에 치우칠까 두려워하는 마음이다. 고상한 신앙생활을 하는 척 하는 사람들은 극단적인 육체적인 표현이나 절제가 없는 어리석은 행동을 본능적으로 싫어한다. 그런 사람들 때문에 하나님의 백성이 능력 있는 삶을 살아갈 수 있는 기회를 상실한다. 그들은 성령에 관한 가르침을 무조건 똑같이 취급하는 잘못을 범했다.

따라서 성령은 곧 예수의 영이며, 구세주만큼이나 아름답고 은혜로우신 분이라는 사실을 깨닫는 것이 중요하다. 성령은 광신주의를 부추기지 않으신다. 오히려 성령은 그런 극단에 치우치지 않도록 인도하신다.[13]

성령에 관한 교리는 지난 50년간 마치 폭풍우가 몰아치는 날 안개가 산봉우리를 뒤덮고 있듯이 짙은 베일에 가려 밖으로 드러나지 못했다. 이 진리를 둘러싸고 온갖 혼란이 난무했다. 그와 같은 혼란이 빚어진 것은 우연이 아니라 원수 마귀의 짓이다. 사탄은 성령이 없는 복음주의가 현대주의나 이단만큼이나 치명적이라는 사실을 잘 알고 있다. 그는 우리가 기독교의 참된 유산을 받아 누리지 못하게 하려고 수단과 방법을 가리지 않는다.[12]

같은 주제의 보물을 담은 참고 도서

『Of God and Men_1960, Christian Publishing』

『How to be Filed with the Holy Spirit, 이것이 성령님이다』

『Keys to the Deeper Life, 신앙의 깊이를 더하라』

『Paths to Power_a sermon booklet』

바로 알라_4장

진리에
관하여

삶으로 살아내야 진리가 된다

나는 모든 진리는 '기록된 말씀'만이 아니라 '기록된 말씀'과 '다시 구현된 말씀'에 담겨 있다고 캠벨 모건 박사가 한 말에 동의한다. 전자에 반드시 후자가 덧붙여져야만 균형과 대칭이 유지된다. 이는 새가 오른쪽 날개와 왼쪽 날개를 동시에 가지고 있어야 하늘을 날 수 있는 이치와 비슷하다. 교리를 둘러싼 분쟁이 교회에 존재하는 이유는 진리가 단지 한쪽 날개만 가지고 있다는 완고하고 맹목적인 주장을 펼치기 때문이다. 진리는 양 날개가 필요하다.

　진리를 깨달았다면 반드시 그대로 살아야 한다는 것이 나의 오랜 신념이다. 성경의 진리가 완전히 소화되어 삶을 통해 구현되지 않으면 아무 짝에도 쓸모없다. 이런 나의 신념은 사실과 진리는 서로 막대한 차이가 있다는 데 근거한다. 성경의 진리는 단순한 사실이 아니다. 사실은 비인격적이고, 냉랭하고, 삶과는 전혀 무관한 객관적인 실체에 불과하다. 하지만 진리는 생생하게 살아 있는 영적 실체다. 신학적인 사실은 도덕적인 성품에 아무런 영향을 미치지 못하는 상태로 일평생 간직될 수 있다. 하지만 진리는 변화와 창조와 구원의 능력을 지닌다. 진리는 항상 그것을 받아들이는 자를 더 겸손하고 거룩한 사람으로 변화시킨다. 그러면 신학적인 사실이 진리로 변하는 시점은 언제일까? 그것은 바로 그 사실에 복종할 때다.

　신학적인 사실은 하늘에서 불이 내려오기 전, 갈멜산에 마련된 엘리야의 제단과 같다. 즉 그것은 규정에 따라 정확하게 펼쳐 놓았을 뿐 아직 불이 없어 차가운 제물이나 다름없다. 마음으로 진리에 복종할 때 불이 내려와 영적 사실이 영적 진리로 바뀌어 우리의 생각을 밝히고, 인격을 변화시키고, 거룩한 삶을 살게 한다.

성령의 조명이 없이 성경의 가르침만을 신봉하는 교회나 신자는 진리가 신학적인 진술을 뛰어넘는 깊은 의미를 지니고 있다는 사실을 알지 못한다. 우리가 직접 경험하는 것만이 진정한 우리의 소유가 된다.[8]

성령의 조명이 영적 진리를 밝힌다

하나님의 진리는 영적인 본질과 관련한다. 바로 그 점 때문에 영적인 계시를 통해서만 알 수 있다. 하나님의 생각은 영의 세계에 속하고, 인간의 생각은 지식의 세계에 속한다. 영은 지성을 포용하지만 지성은 영을 이해할 수 없다. 인간의 생각은 하나님의 생각을 꿰뚫을 수 없다.

하나님은 인간을 자신의 형상으로 만드셨고, 영적인 일들을 감지할 수 있는 기능을 허락하셨다. 그런데 인간이 죄를 짓는 순간 하나님을 알 수 있는 영혼의 기능이 죽어버렸다. 이성으로는 하나님을 진정으로 알 수 없다. 단지 하나님에 관해서만 알 수 있을 뿐이다.

성령이 마음을 조명하시는 순간 인간은 비로소 전에 보지 못했던 것을 보게 되고, 전에 알지 못했던 것을 알게 된다. 그것은 그 어떤 사상가도 흉내 낼 수 없는 지식이다. 지식은 인간의 훌륭한 도구고 인간 세상에서는 매우 유용하다. 하지만 하나님을 알 수 있는 기능으로 인간에게 주어진 것은 아니다.

성령의 조명만이 믿음의 눈을 뜨게 한다

계시된 진리를 묵상하면 믿음이 생기게 마련이다. 하지만 믿음은 생각하는 지성보다 먼저 듣는 귀를 통해 생긴다.[3]

길을 찾으려면 빛보다 먼저 보는 눈이 있어야 한다. 성경은 영혼의 빛이며 도덕적인 삶을 이끄는 길잡이다. 하지만 성경의 빛만으로는 충분하지 않다. 물론 성경을 낮추는 뜻에서 이런 말을 하는 것은 결코 아니다. 나는 다만 빛만으로는 충분하지 않다는 점을 말하고자 한다.

성경에 기록되고 종교 지도자들이 종종 언급하는 빛은 지식을 뜻하는 비유적인 표현이다. 지식을 얻는 것은 마치 태양이 밝은 빛줄기를 드리우며 솟아오르는 것과 같다. 하지만 햇빛이 아무리 밝아도 소경에게는 아무 소용이 없다. 빛과 보는 눈은 큰 차이가 있다. 소경처럼 보는 눈이 없이 빛만 있는 사람이 있고, 시력은 좋으나 빛이 없어 일시적으로 볼 수 없는 사람이 있다.

이 말이 우리에게 주는 의미는 무엇인가? 한 마디로, 종교적인 가르침이 아무리 건전하다고 해도 그 자체만으로는 충분하지 않다는 것이다. 종교적인 가르침은 빛을 가져다줄 뿐 보는 눈을 제공하지 못한다. 빛과 보는 눈을 동일시하기 때문에 수많은 사람이 영적 불행을 경험한다. 바리새인들은 세상의 빛이신 예수님을 3년 동안 보았지만 그들의 내면에는 단 한 줄기 빛도 도달하지 못했다. 빛으로는 충분하지 않다. 구원신앙에는 성령의 내적 조명이 반드시 필요하다. 복음은 빛이며, 오직 성령만이 그것을 볼 수 있는 눈을 열어주신다.[1]

성령의 조명이 진리의 본질을 알려 준다

근본주의는 성령이 없이 정통만을 고집하는 문자주의를 말한다. 보수주의자들이 있는 곳에는 어김없이 성령의 조명 없는 성경적 가르침만을 신봉하는 사람들이 있다. 계시된 진리를 믿는 사람은 처음 하나님의 영감으로 말씀이 기록되었던 때와 마찬가지로 말씀을 깨닫게 하는 성령의 조명을 필요로 한다. 깨달음의 은사, 즉 하늘에서 주어지는 은사가 반드시 필요하다. 우리 시대의 문자주의는 과거의 합리주의를 그대로 답습한다(성경은 이성이 영적인 기능을 수행하도록 창조되지 않았기 때문에 영적 진리를 아는 일에 무력하다고 말하지만 합리주의자는 이성의 힘으로 무엇이든 할 수 있다는 자신감을 피력했다).

진리는 그 안과 밖의 형태가 똑같다. 인간의 이성은 겉의 형태만 이해할 수 있다. 오직 하나님의 성령만이 진리의 내적 본질을 꿰뚫어 보실 수 있다. 우리의 실수는 겉껍데기만을 부여잡고 성경에서 발견되는 진리의 외관을 설명할 수 있다는 사실을 근거로 우리가 건전한 믿음을 가졌다고 판단하는 것이다. 근본주의는 이와 같은 치명적인 잘못으로 서서히 죽어가고 있다.

마음에 성령의 기적적인 역사가 일어나지 않으면 진리의 외관만을 감지할 수 있을 뿐 그 본질은 결코 알 수 없다. 성령이 마음을 밝히시면 진리를 깨닫는 것과 동시에 무한한 기쁨이 영혼 전체에 확산한다. 오늘날의 교회는 그런 기쁨을 알지 못한다. 올바른 교리를 신봉한다고 해서 진리를 아는 것은 결코 아니다. 올바른 교리 외에 성령의 내적 조명이 반드시 필요하다.[2]

말씀을 이해하는가, 진리를 경험하는가

우리는 모두 성경에 근거한 신조를 만들어내는 데 자부심을 느낀다. 하지만 서로 의견을 달리하는 애매한 교리가 부각하면 서로 분노하며 편을 가른다. 성경이 명확히 말하지 않는 문제 앞에서는 개인의 특정한 사고유형에 따라 각자의 견해가 결정되는 경우가 많다.[4]

겉으로 경건한 척하는 사람들은 흔히 다른 어떤 성경보다 바울 서신에 더 많은 관심을 기울이는 경향이 있다. 베드로는 무지한 자들과 굳세지 못한 자들이 바울의 글을 억지로 해석하다가 스스로 멸망에 이른다고 경고했다. 불행히도 청중을 조금도 더 낫게 만들지 못하면서도 성경본문을 충실히 해석함으로써 바울의 교리를 가르치는 경우가 얼마든지 있을 수 있다.[5]

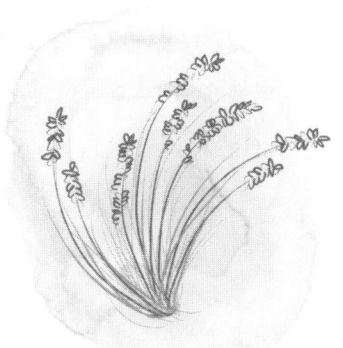

복음주의를 표방하는 그리스도인들 가운데 바울의 위대한 교리를 신봉하면서도 정작 그의 정신은 하나도 본받지 않는 이들이 있다. 바울의 신조를 믿는 것과 그의 삶을 본받는 것에는 중대한 차이가 있다. 로마서와 에베소서 같은 바울 서신을 정확하게 이해한다고 자부하면서도 바울의 마음을 본받지 못함으로써 모순을 드러내는 그리스도인들이 헤아릴 수 없이 많다.

바울은 진리를 알고자 노력했고, 마침내 자신의 목표를 이루었다. 하지만 그는 여전히 진리를 더 많이 알려고 힘썼다. 하지만 요즘 사람들은 진리를 찾다가 발견했다고 생각하는 순간 더 이상 노력하지 않는다. 그들의 경우에는 진리가 오히려 하나님의 얼굴을 가리는 베일이 되고 말았지만, 바울의 경우에는 하나님의 존재 안으로 인도하는 문이 되었다. 바울은 진리를 사랑하는 탐험

가였다. 그는 하나님의 동산에서 영적이고 인격적인 사귐이라는 보물을 캐는 광부였다. 오늘날 많은 사람이 바울의 교리는 신봉하면서도 하나님을 알고자 했던 그의 열정은 본받지 않는다.¹²

경험되지 않은 진리는 거짓이나 다름없다. 또한 그런 진리는 거짓만큼 위험하다. 모세의 자리에 앉았던 서기관들은 거짓의 희생자들이라기보다는 그들이 가르치는 진리를 경험하는 데 실패한 희생자들이었다.⁷

같은 주제의 보물을 담은 참고 도서

『Born After Midnight, 능력』
『The Divine Conquest, 성령충만한 진짜 크리스천』
『Of God and Men_1960, Christian Publishing』
『That Incredible Christian, 나는 진짜인가 가짜인가?』
『Keys to the Deeper Life, 신앙의 깊이를 더하라』

바로 알라_5장

인간에 관하여

비어있는 마음의 밀실을 채워라

인간은 누구나 그 마음 깊은 곳에 존재의 신비로운 본질이 거하는 밀실을 가지고 있다. 이 밀실은 인간의 복합적인 본성을 구성하는 다른 모든 요소를 아우르는 본질 그 자체가 깃들어 있는 장소다. 그것은 인간의 '본질'로서 '스스로 존재하는' 하나님이 인간을 창조하실 때 부여하신 것이다.

성경은 우리가 말하는 인간의 본질을 '사람의 속에 있는 영'(고전 2:11)이라고 일컫는다. 하나님의 자기 인식이 그분의 영원하신 영 안에 존재하듯이 인간의 자기 인식도 그의 영 안에 존재한다. 하나님에 관한 인간의 지식은 하나님의 영에 의해 인간의 영에 직접적으로 주어진 인상을 말한다. 진리를 생각하고 탐구하고 기도할 때마다 이 점을 깊이 강조해야 한다.

인간의 견지에서 볼 때 타락을 통해 잃게 된 가장 큰 손실은 바로 하나님의 성령이 역사하시는 내면의 밀실이 텅 빈 공간으로 전락했다는 것이다. 본래 하나님은 그곳에 거하시며 도덕적, 영적 빛으로 그곳을 환히 밝혀주시려고 계획하셨다. 인간은 죄로 인해 그토록 놀라운 특권을 상실한 채 그곳에 홀로 덩그러니 남게 되었다.

그러나 우리가 거듭나는 순간 성령의 신비로운 사역을 통해, 베드로가 '신성한 성품'(벧후 1:4)이라고 일컬었던 속성이 마음의 밀실에 다시 들어와 그곳을 가득 채운다. 그러한 역사가 일어난 사람만이 진정한 그리스도인이다.[4]

무한하신 하나님은 자녀들에게 자신의 모든 것을 내어주신다. 하나님은 각 사람에게 자신의 일부를 따로따로 제공하지 않으신다. 그분은 각 사람에게 자신의 모든 것을 하나도 남김이 없이 고스란히 내어주신다.[2]

'무엇'이 아닌 '누군가'로 채워라

오늘날 그리스도인들 사이에서 참된 종교적 경험이 쇠퇴하는 이유 가운데 하나는 성령의 내적 증거라는 교리를 소홀히 여기기 때문이다.

초기 그리스도인들의 가장 두드러진 특징 가운데 하나는 그들의 내면에서 초자연적인 광채가 뿜어져 나왔다는 점이다. 그들의 마음에 태양이 떠올라 빛과 온기로 감싸주었기 때문에 확신을 위한 부차적인 증거가 전혀 필요하지 않았다. 그들에게는 내적 증거가 존재했다. 불행히도 오늘날의 그리스도인들에게는 그와 같은 내면의 광채가 존재하지 않는다. 우리는 그러한 내적 증거를 텍스트에 근거한 논리적인 추론으로 대체해 버렸다.[1]

세상의 예언자들(즉, 믿지 않는 심리학자들로서 이들은 하나님의 빛이 아닌 다른 빛을 찾는 눈 먼 소경들에 불과하다)은 종교적인 체험의 저변에 무엇인가가 존재한다는 어렴풋한 느낌을 받아왔다. 하지만 '무엇인가' 보다 '누군가가' 존재한다고 고쳐 표현하는 것이 훨씬 낫다. 바로 그것 때문에 초기 그리스도인들의 마음속에는 늘 경이로움이 가득했다. 그들은 자신들 가운데에 누군가가 계신다는

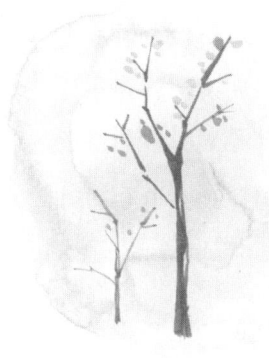

확신을 바탕으로 진지하면서도 기쁨이 넘치는 삶을 살아갈 수 있었다. 누군가가 계신다는 느낌은 참으로 놀랍기 그지없다. 그런 의식이 있기에 종교는 세상의 거센 비판에도 결코 무너지지 않으며, 원수의 전면공격에도 결코 굴하지 않는다. 하나님의 존재를 확신하며 예배하는 성도는 믿지 않는 이들의 비판에도 절대로 흔들리지 않는다. 그들은 자신들이 보고 들은 것을 통해 세인의 의심을 극복할 뿐 아니라 그들의 신앙을 파괴하려는 논증에 속지 않고 더욱더 강한 확신을 갖는다. 누군가가 존재한다는 강한 확신, 즉 영혼에 역사하는 하나님의 손길을 억누를 수 있는 것은 아무 것도 없다. 참 신앙이 있는 곳에는 하나님에 대한 지식이 존재한다. 그러한 지식은 논리적으로 도출되는 것이 아니라 의식에 나타난 사실이다. 과거의 영적 거인들은 모두 하나님을 경험한 사람들이다.[2]

성령의 침투로 마음의 본질을 지켜라

우리는 이제야 주관적인 체험을 배제한 채 객관적인 진리만을 지나치게 강조했던 '빙하기'를 가까스로 벗어나기 시작했다.

지혜로운 지도자들이었다면 인간의 마음이 진공상태로는 존재할 수 없다는 사실을 익히 알았을 것이다. 그리스도인에게 성령의 술에 취할 기회를 제공하지 않으면 육체의 술에 취해 쾌락을 일삼을 것이 분명하다. 불행히도 과거의 지도자들은 하나님 안에서 기쁨을 누릴 수 있는 우리의 권리를 박탈했다. 그 결과 인간의 마음이 세속적인 쾌락을 갈구하는 해로운 결과를 양산했다. 심지어는 복음주의 교회도 그 영향 아래서 쉽게 벗어나지 못했다. 그리스도는 우리의 마음을 새롭게 회복하기 위해 죽으셨다. 그리고 성령은 우리 마음에 오셔서 그곳을 가득 채우기를 원하신다.[7]

구원을 갈망하는 사람이 가장 중요하게 생각하고 관심을 기울일 수밖에 없는 성령의 특성 가운데 하나는 침투성이다. 성령은 인간의 육체와 같은 물질에 침투하신다. 그분은 정신에도 침투하신다. 뿐만 아니라, 성령은 인간의 영과 같은 다른 존재의 영에 침투하신다. 성령은 인간의 영에 완전히 침투하셔서 그 영과 하나가 되신다. 성령은 인간의 마음에 들어오셔서 인간의 본질을 구성하는 그 어떤 것에도 손상을 입히지 않고 스스로 거하실 공간을 만드신다. 성령이 들어오셔도 인간의 온전한 인격은 고스란히 보존된다. 다만 도덕적인 악은 강제로 퇴출된다.[2]

죄는 가장 귀한 것을 잃게 한다

인간은 죄를 지음으로써 자신을 허비한다. 그것은 곧 이 땅에서 가장 하나님과 닮은 고귀한 품성을 낭비하는 것이다. 그와 같은 삶은 인간에게는 가장 큰 비극을, 하나님에게는 가장 큰 슬픔을 안겨준다.

죄는 수많은 파장을 불러일으킨다. 죄는 마치 온갖 치명적인 합병증을 일으키는 질병과도 같다. 죄란 불법을 가리키며, 과녁에서 빗나갔다는 의미고, 곧 반역과 왜곡과 위반이다. 또한 죄는 모든 값진 보화 중에 가장 귀한 보화를 불쾌하고 비참하게 짓밟아버리는 것을 의미한다. 그것은 참으로 끔찍하고 불행한 낭비다. 흔히 그리스도 밖에서 죽은 자를 가리켜 '잃어버린 자'라고 일컫는다. 그 상태가 어떤 상태인지를 정확히 전달할 수 있는 영어 단어는 없다. 죄인은 진기한 보화를 낭비하다가 마지막에는 인생을 덧없이 마감해야 할 도덕적 탕아, 즉 자신의 영혼과 생명과 평화와 인격을 비롯해 영원한 모든 것을 다시는 회복할 기회를 잃어버리고 만 어리석은 사람이다.[7]

인간, 순간을 사는 영원한 존재

하나님이 인간의 영혼에 영원한 생명을 부여하시면 인간은 새롭고 고귀한 존재로 변한다.[3]

오늘날처럼 분주한 시대에 살고 있는 우리는 하나님 앞에서 우리의 삶과 일상을 돌아보며 영원에 비추어 그것을 깊이 묵상해야 한다. 우리는 시간에 국한된 유한한 존재이면서도 동시에 영원을 위해 창조된 존재이기 때문이다. 영원을 위해 창조되었으면서도 시간에 국한된 삶을 살아야 하는 인간의 운명은 참으로 딱하기 그지없다. 우리는 영원한 삶을 갈구하지만 우리 주위에 존재하는 모든 것은 사멸과 변화의 운명을 겪는다. 그러나 하나님이 우리를 영원한 존재로 창조하셨다는 사실을 통해 우리가 장차 얻게 될 미래의 영광스런 삶을 예견할 수 있다.

바로 이런 점에서 "예수 그리스도가 죽음을 멸하시고 복음을 통해 영원한 빛에 속한 생명을 주셨다"고 하는 메시지가 타당하다. 이제는 영원한 멸망을 당하든지 그리스도와 함께 생명을 얻든지 둘 중 하나다. 주님은 죄와 죽음의 노예가 되어 어리석은 인생을 살아가던 우리를 구원하기 위해 영원한 세상에서 역사 속으로 뛰어드셨다.[3]

하나님이 주시는 은사와 보화와 축복 중에 최상의 것은 무엇일까? 그것은 바로 우리 안에 거하시는 그리스도다. 이것이야말로 하나님이 주시는 가장 위대하고 궁극적인 선물이다. 그건 진주로 만든 문도 아니고, 황금으로 덮인 거리도 아니고, 하늘나라도 아니며, 심지어 죄의 용서도 아니다. 하나님은 택하신 백성에게 몇 십 개, 몇 백 개, 몇 천 개 정도가 아니라 이루 셀 수 없이 많은 은사와 선물을 내려주신 후에 비로소 이 위대한 축복을 허락하셨다. 하나님은 우리를 주 예수 그리스도의 인격과 성품을 담을 수 있는 그릇으로 만들어주셨다. "이 비밀은 너희 안에 계신 그리스도시니 곧 영광의 소망이니라"(골 1:27).[10]

같은 주제의 보물을 담은 참고 도서
『The Divine Conquest, 성령충만한 진짜 크리스천』
『Man : The Dwelling place of God, 임재 체험』
『The Root of the Righteous, 신앙의 기초를 세워라』
『God's Greatest Gift to Man_a sermon booklet』

GEMS FROM TOZER : **2부**

온전히 서라

6장 • 예배로 하나님 앞에
7장 • 십자가에 못박은 자아로
8장 • 회복된 교회의 모습으로
9장 • 새 생명의 믿음으로
10장 • 바르게 분별함으로

온전히 서라_6장

예배로
하나님 앞에

잃어버린 예배를 회복하라

우리는 하나님께 끝없이 열중하기 위해 부르심을 받았다.[8] 하나님은 영이시므로 그분을 예배하는 자는 영과 진리로 예배해야 한다. 오직 성령만이 타락한 인간으로 하여금 하나님께 합당한 예배를 드릴 수 있게 하신다. 오직 성령만이 하나님께 합당한 기도를 드릴 수 있다. 성령만이 하나님이 인정하시는 일을 하신다.

인간은 하나님을 예배하도록 창조되었다. 하나님은 인간에게 수금을 주시며, "내 피조물 가운데 네게 가장 큰 수금을 주었노니

… 너는 다른 피조물이 흉내 낼 수 없는 방법으로 나를 예배할 수 있다." 하고 말씀하셨다. 하지만 인간은 죄를 짓고 그 아름다운 악기를 진흙 속에 던져 버렸다.

그리스도가 오신 이유는 무엇인가? 반역자를 예배자로 만드시기 위해서다. 우리는 하나님을 예배하기 위해 창조되었다. 예배는 도덕적 존재인 인간이 마땅히 행해야 할 일이다. 예배는 무조건 수행이 요구되는 도덕적인 정언명령이다. 현대 복음주의는 예배라는 보화를 잃어버렸다.

나는 예배에 대해 교리적인 정의를 내리고자 한다. 예배한다는 것은 "영혼에 울림이 있음"을 의미한다. 예배의 형식에 따를 뿐 아무런 내적 울림도 없는 사람은 예배를 드린 것이 아니다.

또한 예배는 영혼의 울림을 '적절한 방식으로' 표현하는 것이다. 우리가 예배를 통해 표현해야 하는 것은 '겸손히 엎드리는 것이며 또한 두려움과 놀람으로 기쁨에 넘치는 찬미의 감정이다. 하나님을 예배하는 일은 기쁨으로 충만한 일이며, 또한 겸손히 엎드리는 일이다.'

예배에 반드시 필요한 요소는 무엇일까? 첫째는 무한한 신뢰가 필요하다. 믿지 않는 대상을 예배할 수는 없다. 둘째는 하나님을 경외하는 마음이다. 경외감이란 하나님의 초월성을 인정하는 것이다. 셋째, 진정한 예배를 위해서는 하나님께 매료되어야 한다. 즉, 도덕적인 열정으로 충만해지고, 하나님께 사로잡히고 매혹되어 넋을 읽을 뿐 아니라, 전능하신 하나님의 상상할 수 없는 그 고귀하심과 광대하심과 영광에 놀라게 되는 것이다. 넷째, 하나님을 앙모하는 마음이 필요하다. 마음과 뜻을 다해 하나님을 사랑하는 마음, 즉 두렵고 떨리는 마음과 경이로움과 갈망으로 그분을 사모하는 마음이 필요하다. 그럴 때면 숨이 멎을 듯한 침묵에 휩싸이기도 한다.[15]

하나님이 놀랍고 두려운가?

현대 복음주의가 내세우는 하나님은 아무에게도 경이감을 불러일으키지 못한다. 그들의 하나님은 인위적으로 만든 법칙과 규범 안에 갇혀 있다. 한 마디로 잘 길들여진 하나님, 교과적인 속성이 강하며 우리와 몹시 닮은 하나님일 뿐이다. 그들의 하나님은 고작 우리가 잠들어 있을 때 지켜주시기를 바라고 어려움에 처할 때는 도움을 요청할 수 있는 하나님에 불과하다. 현대 복음주의가 내세우는 하나님은 내가 기꺼이 존중할 수 있는 하나님이 아니다. 오직 성령이 하나님의 참 모습을 우리에게 알려주실 때 우리는 비로소 경이감과 기쁨으로 그분을 예배할 수 있다.[15]

예배의 생명은 우리가 하나님을 어떻게 생각하느냐에 달려 있다. 하나님을 '하늘에 계신 분'으로 일컫는 이 어정쩡한 신자들이 하는 말을 내가 믿지 않는 이유가 바로 이 때문이다. 하나님에 대한 그들의 생각은 하나님에게나 그들 자신에게 전혀 합당하지 않다. 따라서 그들의 예배는 전혀 예배라고 할 수 없다. 오늘날 그리스도의 교회 안에 가장 끔찍한 질병이 있다면 그것은 바로 하나님이 얼마나 놀랍고 위대한 분이신지를 깨닫지 못하는 것이다.[15]

먼저 예배자가 되어라

하나님에 대하여 고귀한 생각을 갖느냐 아니면 저급한 생각을 갖느냐에 따라 예배가 순전할 수도 있고 천박할 수도 있다. 우리

영혼을 지배하는 보이지 않는 법칙이 있는데, 우리가 정신적으로 하나님을 어떻게 그리느냐에 따라 영혼이 거기에 반응한다는 것이다.[3]

우리가 이 땅에서 가장 우선해야 할 일은 예배자로 사는 것이다. 일꾼이 되는 것은 그 다음 일이다. 그러나 우리는 회심한 사람을 서둘러 일꾼으로 만든다. 하나님은 결코 그걸 원하지 않으신다. 하나님은 회심한 사람이 먼저 예배하는 자가 되는 법을 알게 되고, 그 다음에 일꾼이 되는 법을 배우기 원하신다. 예배자가 행한 일만이 영원한 가치를 지닌다.[15]

예배에서 비롯되지 않은 노동은 무익하다. 그런 노동은 인간의 업적을 심판할 날이 이르면 불에 타 없어질 지푸라기나 나뭇가지와 다름없다.[1]

그리스도를 사랑하는 뜨거운 열정으로 불타오르는 사람을 찾아보기가 매우 어렵다. 도덕적인 향기가 배어 나오는 이런 사랑은 오직 진정한 예배의 삶을 사는 성도들에게서만 발견될 수 있다. 그런 향내를 풍기는 성도는 헤아릴 수 없이 많다. 교파에 상관없이 정통 기독교 신앙에 속한 신학사상을 가진 사람이면 누구나 하나님의 성도다. 그리스도를 향한 뜨거운 사랑이야말로 보편성을 가름하는 진정한 시금석이자, 주님의 보편교회에 속해 있다는 사실을 입증해 줄 확실한 증거다.[8]

같은 주제의 보물을 담은 참고 도서
『Born After Midnight, 능력』
『That Incredible Christian, 나는 진짜인가 가짜인가?』
『Worship-Missing Jewel of The Church, 이것이 예배이다』

온전히 서라_7장

십자가에
못 박은 자아로

죽음 없는 십자가는 생명도 없다

오늘날 전혀 의식하지 못하는 사이에 아무 예고도 없이 새 십자가가 복음주의 진영에 은근슬쩍 모습을 드러냈다.

이 새 십자가에서 그리스도인의 삶에 관한 새로운 철학이 생겨났고, 그러한 철학에서 새로운 복음전도 기술(즉 새로운 형태의 전도 집회와 가르침)이 유래했다.

옛 십자가는 세상과 타협하지 않았다. 아담으로부터 물려받은 교만한 육체는 옛 십자가와 더불어 못 박혔다. 하지만 새 십자가는 오로지 건전한 오락과 순수한 재미를 가져다주는 근원이다. 그 결과 아담의 본성이 아무런 제재도 받지 않고 마음껏 활개를 치게 되었다. 삶의 동기가 전혀 변하지 않고 오로지 자기 자신의 쾌락만을 위한 삶이 가능해진 셈이다.

새 십자가는 죄인을 죽이지 않고 새로운 삶의 방향을 제시한다. 새 십자가는 더 즐겁게 살아갈 수 있는 길을 제시함으로써 죄인의 자긍심을 부추긴다.

옛 십자가는 죽음의 상징이다. 하나님은 죄인을 완전히 죽여 없앤 다음 그를 다시 살려 새로운 삶을 살아가게 하심으로써 그를 구원하신다. 하나님은 새로운 삶을 주신다. 하지만 그것은 과거의 삶을 새롭게 개선한 삶과는 전혀 다르다. 하나님이 허락하시는 삶은 죽음에서 나온 삶, 즉 십자가를 거친 새로운 삶이다.[20]

오늘날의 가짜 성도들은 예수님을 다시 죽이려든다. 그들은 예수님의 죽음에 관한 다른 종류의 설교를 듣고 싶어 한다.[17]

우리는 구원받기를 원하면서도 그리스도가 다시 죽으셔야 한다고 고집한다. 우리는 십자가도 없고 죽음도 없는, 자기중심의 삶을 원한다. 우리는 인간의 영혼이라는 왕국에 군림하는 왕이 되어 가이사처럼 번쩍이는 면류관을 쓰고 한껏 위용을 드러내기 원한다. 하지만 그렇게 함으로써 결국은 영적인 메마름과 연약함과 어둠 속으로 자신을 밀어 넣고 만다.[7]

하나님의 보좌에 앉은 자아를 보라

인간의 자아는 매우 미묘해 아무도 그 실체를 쉽게 파악할 수 없다. 인간은 나면서부터 죄인이기 때문에 자신이 죄인이라는 사실을 의식하지 못한다. 이런 이유로 끊임없이 자아를 주장하면서도 그것을 지극히 정상인 것처럼 생각한다. 물론 인간은 자기의 것을 내어줄 뿐 아니라 바람직한 목적을 위해 희생을 감수하는 경우도 있다. 하지만 결코 삶의 주도권은 절대로 내놓지 않는다.

죄는 다양한 형태로 나타나지만 그 본질은 하나다. 인간은 하나님의 보좌 앞에서 그분을 예배하기 위해 창조된 도덕적인 존재이지만 자신이 그 보좌를 꿰차고 앉아 그곳에서 "나는 존재한다."라고 외친다. 이것이 바로 죄의 본질이다. "우리가 어찌할

꼬?"(행 2:37)라는 말은 자기 자신이 왕위를 찬탈하고 가로채 그 보좌 위에 앉아 있는 반역자라는 사실을 갑자기 깨달은 사람의 마음 깊은 곳에서 우러나오는 외침이다.[3]

오늘날에는 그리스도를 위한다는 명분을 내세워 자기 이익을 구하는 것이 너무 흔한 일이 되고 말았다. 인간의 자아는 제단 앞에서도 아무런 가책을 느끼지 않는다. 피를 흘리며 죽어 가는 희생양을 보면서도 아무런 감동이 없다. 그러면서도 종교개혁자들이 외친 진리를 사수하고, 믿음으로 구원받는다는 교리를 멋들어지게 설파하며, 자신의 노력으로 권위와 힘을 확보한다. 솔직히 말해, 우리의 자아는 술집보다는 성경 집회에서 편안함을 느끼며 정통신앙을 먹고 자란다. 하나님을 갈망하는 마음이 오히려 자아가 성장하고 번성할 수 있는 완벽한 조건을 마련해 준다.

자아는 하나님의 얼굴을 가리는 베일이다. 단순한 가르침이 아닌 영적 체험만이 그것을 제거할 수 있다. 물론 우리의 잘못이 무엇인지를 깨우쳐주는 일도 필요하다. 하지만 우리의 자아를 멸하는 하나님의 사역이 있어야만 비로소 참된 해방을 누릴 수 있다. 죄의 몸을 멸하는 십자가의 사역이 우리 안에서 일어나야 한다. 우리의 자아는 십자가 앞에서 심판을 받아야 한다.[6]

자신의 육체를 십자가에 못 박으라

우리의 육체를 십자가에 못 박지 않으면 마음의 순결, 그리스도와 같은 성품, 영적인 통찰력, 열매 맺는 삶이 모두 불가능할 뿐 아니라 세상의 빛이자 하늘나라의 광명인 하나님의 얼굴을 바라볼 수 없다.[7]

교회를 인간의 육체 위에 건설하고 있는 이유는 무엇일까? 그 이유는 우리가 그리스도와 함께 죽는 삶을 가르치지 않고 멸망할 수밖에 없는 인간의 힘을 의지하고 살아가는 법을 가르치기 때문이다.[2]

어느 날 한 청년이 십자가에 못 박힌 삶이라는 깊은 영적 진리를 가르치는 스승에게 찾아와 "스승님, 십자가에 못 박힌다는 것이 무슨 의미입니까?"라고 물었다. 스승은 잠시 생각하더니 "십자가에 못 박힌다는 것은 세 가지 의미를 지닌다. 첫째, 십자가에 못 박힌 사람은 오로지 한쪽 방향만을 바라볼 수 있다."라고 대답했다. 오로지 한쪽 방향만을 본다는 그의 대답은 매우 인상적이다. 십자가에 못 박힌 자는 뒤에서 무슨 소리가 들려와도 돌아볼 수가 없다. 십자가에 못 박힌 자는 더 이상 뒤를 돌아볼 수가 없고, 오로지 하나님과 그리스도와 성령이 계시는 쪽을 바라보며 성경의 계시와 세계 복음화와 교회의 건덕과 성화와 성령 충만한 삶을 지향한다.

　스승은 성긴 은빛 머리를 긁적이며 "한 가지 의미가 더 있다." 하고 말하면서 "십자가에 못 박힌 자는 뒤돌아가지 않는다."라고 덧붙였다. 십자가에 못 박힌 자는 과거와 작별을 고했기 때문에 다시 뒤로 돌아가지 않는다. 이런 진리를 더 많이 가르치고, 그리스도인의 삶을 쉽고 편하게 만드는 일을 그친다면, 오래도록 충실한 성도들을 더 많이 얻게 될 것이다. 즉 회심자에게 예수 그리스도와 연합하는 순간 옛 사람은 십자가에 못 박히고, 그 후부터는 새롭게 변화된 삶을 살게 되며 세상으로 다시 돌아가지 않는다는 진리를 깨우쳐 준다면, 교회는 참 성도를 얻게 될 것이다.

　스승은 "마지막으로 십자가에 못 박힌 자는 더 이상 자기 자신의 계획을 가지고 있지 않다."고 말했다. 마음에 와 닿는 말이다. 다른 누군가가 그를 위해 계획을 세웠고, 사람들이 그를 십자가에 못 박는 순간 그의 모든 계획이 사라졌다. 그런데도 우리는 늘 분주한 비버처럼 우리의 계획에만 골몰하고 있으니 얼마나 안타까운 일인가!

"나는 그리스도와 함께 십자가에 못 박혔다."라고 말하는 것은 참으로 아름다운 일이다. 그러면 곧 그리스도가 당신을 위해 계획하고 계신다는 것을 알게 될 것이다.[14]

십자가를 지고 그리스도를 따르는 사람은 자신이 무덤에서 점점 멀리 벗어나고 있다는 사실을 발견하게 될 것이다. 죽음은 그의 뒤에 있고, 그의 앞에는 기쁘고 충만한 삶이 놓여 있다.[2]

내 판단이 옳다면 오늘날의 통속적인 복음주의가 지향하는 십자가는 신약성경이 말하는 십자가가 아니다. 그것은 자기중심적이고 세속적인 기독교인의 가슴에 매달린 한갓 화려한 장식물에 불과하다. 옛 십자가는 사람들을 죽였지만, 새 십자가는 사람들을 즐겁게 한다. 옛 십자가는 단죄했지만 새 십자가는 기쁨을 준다. 옛 십자가는 육체를 신뢰하는 마음을 멸했지만 새 십자가는 그런 마음을 부추긴다.[2]

같은 주제의 보물을 담은 참고 도서

『The Knowledge of the Holy, 하나님을 바로 알자』

『The Pursuit of God, 하나님을 추구함』

『Total Commitment to Christ_a sermon booklet』

『The Old Cross and the New_a sermon booklet』

온전히 서라_8장

회복된 교회의 모습으로

교회에 임하는 성령의 권능을 회복하라

초대 교회는 단순한 조직체나 운동단체가 아니라 영적 능력 그 자체였다. 초대 교회는 성령의 권능으로 시작했고 성령의 권능으로 움직였다. 교회는 성령의 권능이 있는 동안에는 늘 살아 움직였다. 하지만 성령의 권능이 사라지자 교회는 기득권을 유지하며 안전하게 보존하는 데만 몰두했다. 교회의 축복은 밤새 간직하면 벌레가 생겨 먹을 수 없게 변해버린 만나와 같았다.

성령의 권능이 사라진 자리에 수도원, 스콜라주의, 제도주의가 생겨났다. 그것들은 모두 교회가 영적 권능을 상실했다는 증거다. 교회의 역사를 돌이켜 보면 성경으로 되돌아가 성령의 권능을 회복할 때마다 새로운 부흥이 일어났고, 성령의 권능이 사라지는 순간에는 기득권을 사수하려고 새로운 체제를 구축했다는 사실을 알 수 있다. 이런 분석이 옳다면 오늘날의 교회 역시 영적 권능을 상실하기는 마찬가지인 듯하다.[13]

하나님이 인정하시는 유일한 권능은 바로 교회에 역사하는 성령의 권능이다. 이와는 달리 오늘날 대부분의 복음주의자들이 인정하는 유일한 권능은 바로 인간의 권능이다. 하나님은 성령의 역사를 통해 뜻하신 바를 이루시지만 오늘날의 기독교 지도자들은 훈련이 잘된 헌신적인 지성인들의 힘을 빌려 자신들의 목적을 이루려고 한다. 그리하여 명랑한 성품이 하나님의 영감을 대신하고 있다.

오직 영원하신 성령에 의해 이루어진 일만이 영원히 지속된다.[18] 참 종교의 본질은 자발성, 즉 구원받은 신자의 자유로운 영혼에 임하는 성령의 주권적인 역사에 있다. 종교가 그 자주성을 잃고 한갓 형식주의로 전락하는 순간 자발성은 사라지고 그 자리에 전통과 예의범절과 체제와 관료주의가 들어선다. 관료주의의

이면에는 영성이 인위적으로 조직될 수 있다는 신념이 도사리고 있다.[5]

세속화된 교회의 가르침을 분별하라

교회는 수세기 동안 세속적인 즐거움을 부추기는 활동을 강하게 배척했다. 그 이유는 그런 활동이 시간낭비일 뿐 아니라 양심의 가책을 적절히 무마할 수 있는 피난처를 제공하고 도덕적인 책임감을 의식하지 못하게 방해한다고 판단했기 때문이다. 하지만 최근 들어 교회는 쾌락의 신을 완전히 정복할 수 없다면 차라리 그와 손을 맞잡고 그의 힘을 이용하는 것이 더 낫다고 판단한 듯이 보인다.[7]

오늘날 기독교는 세상에 너무 깊이 연루된 탓에 성경이 말하는 기독교가 어떤 모습인지를 도무지 구별할 수 없는 상태가 되고 말았다. 도처에서 타협이 이루어지고 있다. 눈 먼 소경과 다름없는 요즘 신자들은 겉만 번지르르한 세상의 실체를 간파하지 못한다.[2]

불행히도 오늘날의 복음주의 기독교는 신약성경의 기준을 충족시키기에는 턱없이 부족하다. 세속주의가 우리 삶의 일부로 깊이 자리 잡았기 때문이다. 요즘의 종교생활은 영적이라기보다는 사회적 활동의 일부다. 우리는 예배의 정신을 상실했다. 우리는 더 이상 진정한 성도를 키워내지 못한다. 우리는 성공적인 사업가나 유명한 운동선수, 또는 인기 있는 유명 인사를 모델로 삼는다. 우리는 현대 광고업자의 방법을 본 따 종교적인 활동을 전개한다. 우리의 가정은 극장으로 변했고, 우리의 문학은 지극히 피상적이며, 우리의 찬송은 거의 신성모독에 가깝다. 하지만 이런 현상을 우려하는 사람은 거의 없다.[5]

오늘날에는 성경적 기독교로 통하는 것들 가운데 대부분은 노래와 종교적인 오락물을 가미해 사람들의 입맛에 맞게 변형시킨 객관적인 진리에 지나지 않는다.[5]

그리스도는 사람들에게 십자가를 지라고 말씀하신다. 하지만 우리는 그분의 이름으로 재미를 만끽하자고 유도한다. 그리스도는 세상을 버리라고 말씀하지만 우리는 예수님을 영접하기만 하면 세상에서 출세하고 성공할 수 있다고 가르친다. 그리스도는 고난의 길을 가라고 하시지만 우리는 현대 문명이 제공하는 편안한 부르주아의 삶을 즐기자고 말한다. 그리스도는 자기부정과 죽음을 요구하시지만 우리는 긴 가지를 드리운 초원의 나무처럼 우리 자신을 널리 펴고, 초라하기 그지없는 종교의 세계에서 마음껏 자아를 실현하라고 부추긴다. 그리스도는 거룩한 삶을 요구하시지만 우리는 스토아 철학자 가운데 가장 보잘 것 없는 자조차 경멸을 금치 못할 값싸고 비속한 행복을 추구하라고 요구한다.[1]

결코 종교적으로 타협하지 말라

요즘 모습을 드러낸 신종 그리스도인들은 새로운 십계명을 채택했다. 그 가운데 첫 번째 계명은 "다른 의견을 말해서는 안 된다"는 것이다. 팔복의 경우에도 예외가 아니다. 그들이 말하는 새로운 팔복은 "모든 것을 관용하는 자는 복이 있나니 아무 것에도 책임을 질 필요가 없을 것이다"로 시작한다. 아무도 다른 사람에게 믿음을 강요하거나 상대방의 그릇된 신념을 지적할 권리가 없다는 원칙 아래 종교 간의 대화가 이루어지는 것이 작금의 현실이다. 그것은 모세가 금송아지 문제를 놓고 이스라엘 백성과 함께 토론을 벌이고, 엘리야가 바알 선지자들과 점잖게 대화를 나누고, 예수 그리스도가 바리새인들과 모임을 갖고 서로의 입장을 좁히려고 시도하는 것이나 다름없다.

물론 하나님은 화평케 하는 자에게 축복을 약속하신다. 하지만 종교적인 타협을 시도하는 자는 조심해야 한다. 빛과 어둠이 대화를 나누는 것은 불가능하다. 결코 타협할 수 없는 일들이 존재한다.[4]

시체 열한 구를 모아놓는다고 해서 축구팀을 만들 수 없는 것처럼 종교가 서로 다른 사람들이 단합해 조직을 갖추었다고 해서 그것이 교회가 될 수는 없다. 교회의 첫째 필요조건은 바로 생명이다.[4]

과학을 진리의 근거로 삼지 말라

오늘날에는 과학을 통해 기독교의 진리를 입증하는 것이 유행이다. 하지만 과학으로는 기독교의 진리를 입증할 수 없다. 과학을 통해 신앙의 근거를 찾으려고 하는 사람들의 마음에는 항상

고통스런 불확실성이 존재할 수밖에 없다.⁵

과학은 불과 얼마 전까지만 해도 성경이 믿을 수 없는 신화에 불과하다는 논리를 펴면서 세상을 인간이 만든 천년왕국으로 끌어들였다. 그 과학이 이제는 불붙은 꼬리를 한번 움직이는 것만으로 세상을 멸망케 할 수 있는 용이라는 사실이 백일하에 드러났다.¹

성경은 너무나 뛰어나 과학적인 도구로는 결코 발견할 수 없는 또 하나의 세상에 관해 말한다. 우리는 믿음으로 그곳을 우리의 소유로 삼는다. 성경이 말하는 세상은 오직 영원한 언약의 피를 통해서만 다가갈 수 있는 곳이다.⁵

같은 주제의 보물을 담은 참고 도서

『Born After Midnight, 능력』

『Man : The Dwelling place of God, 임재 체험』

『Of God and Men_1960, Christian Publishing』

『Paths to Power_a sermon booklet』

『The Holy Spirit is Indispensable_a sermon booklet』

온전히 서라_9장

새 생명의
믿음으로

새 생명체로 거듭나고 성장하라

기독교 신앙은 거듭남이라는 기적을 통해 영원히 그 생명을 이어간다. 거듭남은 인간의 본성을 변화시키는 가장 중요한 하나님의 사역이다. 거듭남은 이성적인 추론으로 얻어지는 것이 아니다. 그것은 설명이 불가능한 사건이다. 거듭남의 체험을 설명할 수 있는 심리학자는 없다. 하나님의 두려운 심판 날이 이르면, 자신이 거듭남의 기적이 없이 단지 기독교 신앙에 정신적으로 동의했을 뿐이라는 사실을 발견하고 그 충격으로 얼굴이 하얗게 질릴

사람들이 있을 것이다.[19]

　기계문명의 시대와 더불어 도래한 '인스턴트 기독교'(복음주의 진영 어디에서나 찾아 볼 수 있다)는 기독교적인 삶의 참된 본질(즉, 정체 상태에 머물지 않고 항상 성장과 팽창을 지향하는 역동성을 지닌 삶)을 이해하지 못한다. 인스턴트 기독교는 새 신자가 갓난아이와 마찬가지로 정상적인 발육을 위해 적절한 양분 섭취와 운동이 필요한 생명체라는 사실을 이해하지 못한다.[8]

　그리스도인은 성장의 능력을 지닌 갓난아이와 같다. 따라서 다른 생명체와 마찬가지로 성장이 둔화되거나 발육이 지체되기도 하고, 또 영양실조에 걸리거나 상처를 입을 수도 있다. 따라서 좋은 환경을 조성해 주어야만 건강하고 강하게 성장할 수 있다. 그런 점에서 올바른 가르침이 없으면 신자의 영적 성장은 둔화될 수밖에 없다.[5]

자기애를 믿음으로 위장하지 말라

　우리는 죄를 제거하지 않고 세련되게 위장하는 잘못을 저지르지 않도록 조심해야 한다. 한 가지 죄를 다른 죄로 바꿔치기 했을 뿐인데 죄에서 구원받았다고 생각하는 것만큼 위험한 일은 없다.

예를 들어 회개를 장소의 변화와 혼동해서는 곤란하다. 한때는 먼 타국의 돼지치기들과 어울리며 죄를 짓고 살다가 지금은 외견상 훨씬 더 깨끗하고 존경할만한 경건한 신자들과 교제를 나누고 있더라도 여전히 전과 다름없이 불결한 마음을 소유하고 있을 가능성이 얼마든지 존재한다.

교만의 경우에도 종교적인 영향 아래 이른바 자긍심이라는 이름으로 탈바꿈될 수 있다. 다시 말해 실제로는 하나님이 가증스럽게 여기는 자기애를 도모하면서도 겉으로는 성경말씀으로 위장해 교묘하게 그 실체를 숨기는 일이 얼마든지 가능하다. 그럴 경우에는 문제가 깨끗이 청산되는 것이 아니라 오히려 속으로 더욱 깊이 숨어든다.

험담을 일삼고 문제를 일으키기 좋아하는 사람이 회심을 하게 되면 '영적 조언자'로 변신하는 경우가 더러 있다. 하지만 좀 더 깊이 관찰해 보면 이전과 다름없이 강한 호기심과 불안정한 심리상태는 그대로인 것을 보게 된다. 즉 외양만 변했을 뿐 내면은 조금도 변하지 않은 상태다. 사탄은 이런 식으로 교회 안에 침투해 중상과 분열을 조장하고 신자들을 연약하게 만든다.

세상 사람들 사이에서는 사기행각으로 인정되는 사업수완도 그리스도인이 기도한 뒤에 적용하는 경우에는 기도에 대한 응답이자 하나님이 그 일에 함께 동참하신다는 증거로 크게 선전된다.

지금까지 열거한 여러 사례는 죄가 그 본질은 하나도 변하지 않은 채 얼마든지 외양만 바꿀 수 있다는 것을 보여준다. 하나님의 뜻은 죄를 세련되게 위장하는 것이 아니라 완전히 제거하는 것이다.[1]

무엇을 믿는가?

참 믿음은 마음을 거룩하게 하고 의로운 삶을 살아가게 한다. 믿음 없이는 하나님을 기쁘게 해드릴 수 없다. 하지만 모든 믿음이 하나님을 기쁘게 해드리는 것은 아니다. 믿음이 요즘처럼 큰 인기를 누린 적은 일찍이 없었다. 거의 모든 사람이 믿음을 인간의 도덕적, 영적, 경제적 질병을 치유하는 만병통치약으로 간주한다. 강한 믿음만 있다면 무엇인가를 성취할 수 있다는 것이 요즘 사람들의 신념이다. 이런 이유로 모든 사람이 목소리를 높여 믿음의 가치를 부르짖는다. 무엇을 믿느냐는 중요하지 않다. 단지 믿으면 된다.

이런 현실의 배후에는 믿음이 누구나 마음만 먹으면 사용할 수 있는 우주의 절대적인 힘이라는 모호한 개념이 도사리고 있다. 믿음만 있으면 절망, 공포, 패배, 실패 등이 사라지고, 희망, 자신감, 자기통제를 비롯해 전쟁과 사랑과 스포츠와 사업과 정치에서 승승장구할 수 있다는 생각이 모든 사람을 지배한다.

하지만 그런 생각은 진리를 믿을 때만 믿음이 선한 영향력을 발휘할 수 있다는 사실을 간과하고 있다. 거짓을 믿으면 비극적인 종말을 맞이할 수밖에 없다. 단지 믿음을 갖는 것만으로는 충분하지 않다. 진리이신 하나님에 관한 진실을 믿어야만 한다.

참 믿음은 하나님이 그분 자신에 관해 말씀하신 것과 우리 인간에 대해 말씀하신 모든 것을 믿는 것이다. 먼저 우리 자신이 흉악한 죄인이라는 하나님의 말씀을 믿기 전에는 그분이 우리를 위해 행하시겠다고 약속하신 것을 믿을 수 없다. 대중의 인기를 누리는 종교는 바로 여기에서 무너질 수밖에 없다.

예수 그리스도의 구속의 은혜를 믿는다는 것은 그분이 자신에 대해 말씀하신 것과 선지자들과 사도들이 그분에 대해 말한 모든 증거를 믿는 것이다. 우리가 영접한 예수님은 우리의 상상에 의해 날조되거나 우리의 형상대로 창조된 존재가 아니다.

참 믿음은 언제나 복종을 요구한다. 우리를 향한 하나님의 심판을 무시하고 스스로의 신념에만 귀를 기울이는 감상적인 믿음은 청산칼리만큼이나 치명적이다.

자기의 신념을 믿는 믿음은 거짓 믿음이다. 그런 믿음으로 하늘나라에 가기를 바라는 것은 어둠 속에서 두 동강난 다리를 건너겠다고 차를 몰고 질주하는 것이나 다름없다.[5]

믿음은 혁명이다

초창기 루터교 신자들은 "믿음은 사람을 동요하게 만든다."라고 말했다. 하지만 믿음으로 의롭게 된다는 루터의 교리가 요즘에는 이상하게 변질되었다.

바울과 루터가 말한 믿음은 혁명적인 것이었다. 믿음은 개인의 삶을 온통 뒤흔들 뿐 아니라 그를 전혀 다른 사람으로 변화시킨다. 믿음은 개인의 삶을 완전히 사로잡아 그리스도에게 복종케 한다. 믿음은 최종적인 권한을 지닌다. 믿음은 사람의 마음을 완전히 사로잡아 삶의 우선순위를 올바로 결정하게 한 뒤 하나님의 뜻에 부합한 삶을 살아가게 만든다.

하지만 오늘날의 믿음은 하나님의 말씀과 예수 그리스도의 십자가에 피동적인 동의를 표하는 것에 불과하다. 다소곳한 태도로 영혼 구원에 열중하는 전도자의 가르침에 고개를 끄덕이기만 하면 믿음을 갖게 되는 것처럼 착각하는 사람들이 많다. 그런 믿음은 사람들을 동요시키기는커녕 오히려 편안하게 해준다. 그런 믿음은 자아의 표면을 깨끗이 닦아주고 자긍심을 회복시켜 준다.

기독교가 장난삼아 믿을 수 있는 것이 아니라는 점을 사람들에게 알려야 한다. 오직 다시는 되돌아갈 수 없는 위치에 서게 된 사람만이 진정한 성경적 신앙의 소유자라고 자신할 수 있다.[7]

믿음은 하나님의 구원계획 가운데 핵심적인 위치를 차지한다. 믿음이 있어야만 그리스도의 속죄사역이 가져다주는 축복을 받아 누릴 수 있다. 믿음이 없이는 아무 것도 얻을 수 없다.

믿음은 순종을 낳는다

나는 지난 수년 동안 복음주의 그리스도인들이 전하고 받아들이는 믿음의 교리를 심각하게 고민하지 않을 수 없었다. 요즘 사람들이 말하는 믿음은 결코 성경적인 믿음이 아니다. 믿음이란 우리가 사실로 알고 있는 진술문을 인정하는 것이 아니다. 이성에 근거한 믿음도 일종의 믿음이기는 하지만 결코 성경이 말하는 믿음이라고 할 수 없다. 이성에 근거한 믿음은 확실한 증거를 받아들이는 데 그칠 뿐 도덕적이거나 영적인 속성을 지니지 못한다. 참 믿음은 하나님의 성품에 초점을 맞춘다. 참 믿음은 거짓을 말할 수 없으신 하나님의 도덕적인 완전함 외에 다른 증거를 구하지 않는다. 하나님이 말씀하신 것만으로 충분하기 때문이다.

성경이 말하는 믿음은 하나님과 그분의 아들 예수 그리스도를 믿는 믿음을 말한다. 믿음은 성경에 계시된 하나님의 성품을 본받는 것을 뜻한다. 성령의 역사가 없이는 그런 믿음을 가질 수 없다. 믿음은 회개하는 영혼에게 허락된 하나님의 선물일 뿐 감각이나 감각을 통해 얻어지는 자료와는 아무 상관이 없다. 믿음은 기적이다. 하나님이 그분의 아들을 믿을 수 있는 능력을 허락하실 때 믿음이 생겨난다. 하나님의 뜻에 일치하지 않는 행동은 믿음이 아니라, 믿음에 미치지 못하는 다른 어떤 것이다.

믿음과 도덕적인 삶은 동전의 양면과도 같다. 믿음의 본질은 도덕적이다. 그리스도를 구세주로 믿는다고 말하면서, 그분을 주님으로 알고도 순종하지 않는 믿음은 지극히 불완전하며 결국에는 거짓으로 드러날 뿐이다. 참 믿음을 지닌 사람은 순종한다. 하나님은 순종하는 자에게만 믿음을 허락하신다. 참된 회개가 있는 곳에는 항상 순종이 뒤따른다.[4]

행위로 말미암은 구원이라는 그릇된 교리를 피하려다가 우리는 순종이 없는 구원을 말하는 극단에 치우쳤다.[13]

믿음은 세상을 버리는 것이다

하나님은 우리를 향해 아홉 걸음을 다가오신다. 하지만 마지막 열 걸음을 떼어놓지 않으신다. 하나님은 우리에게 회개하는 마음을 갖게 하시지만 우리 대신 회개하실 수는 없다.[8]

세상을 버리지 않고서도 얼마든지 그리스도를 영접할 수 있다

고 믿는 신종 그리스도인들이 생겨났다.[4]

생명을 유지하려면 날숨과 들숨이 조화를 이루어야 한다. 그리스도를 영접하려면 반드시 그분의 뜻에 어긋나는 것을 버려야 한다.[8]

그리스도를 영접한다는 것은 "주께서 그러하심과 같이 우리도 이 세상에서 그러하니라"(요일 4:17)는 말씀의 의미를 깨닫는 것을 뜻한다. 우리는 그리스도의 친구를 우리의 친구로, 그분의 원수를 우리의 원수로, 그분의 길을 우리의 길로, 그분의 고난을 우리의 고난으로, 그분의 십자가를 우리의 십자가로, 그분의 생명을 우리의 생명으로, 그분의 미래를 우리의 미래로 받아들여야 한다.[8]

온 세상에 새 생명을 얻지 못하게 속이는 마귀의 책략이 설치되어 있다. 맡기는 믿음으로 포장해 겉으로는 아무런 위험도 없는 듯 보이지만 사실은 생명을 노리는 계책이 설치되어 있는 곳을 하나 예로 들자면, 바로 기도다.

하나님이 항상 기도에 응답하신다는 점을 설명하기 위해 '승낙'은 물론 '거절'도 응답이고, 또 구하는 것과 다른 것을 허락하실 수도 있다는 논리를 종종 듣는다. 하지만 그런 논리는 불순종

때문에 기도응답을 받지 못하는 데도 마치 그렇지 않은 것처럼 느끼게 함으로써 기도하는 자의 체면을 세워주기 위한 교묘한 말장난에 불과하다.

하나님께 기도를 드리려면 다음 두 가지 조건을 충족시켜야 한다. 첫째, 반드시 하나님의 뜻대로 기도해야 한다. 둘째, 반드시 하나님을 기쁘시게 하는 삶을 살아야 한다.[16]

같은 주제의 보물을 담은 참고 도서

『Born After Midnight, 능력』

『Of God and Men_1960, Christian Publishing』

『That Incredible Christian, 나는 진짜인가 가짜인가?』

『Does God Always Answer Prayer?_a sermon booklet』

『The New Birth : A Major Miracle_a sermon booklet』

온전히 서라_10장

바르게 분별함으로

미혹에 빠지지 않도록 주의하라

기독교 사상 가운데는(사상 때문에 삶까지도) 유사점과 차이점을 구별하기가 매우 어려워 완전히 속아 넘어가는 경우가 더러 있다. 거짓이 진리를 모방하는 수법이 너무 탁월해서 양자를 혼동하는 일이 끊임없이 일어난다.

따라서 하나님이 미혹에 빠지지 않도록 배려하신 모든 수단을 십분 활용하는 것이 무엇보다도 중요하다. 하나님이 제공하신 수단은 기도, 믿음, 말씀 묵상, 복종, 겸손, 성령의 조명, 진지한 사

고 등이다.⁸

지금은 사람들의 영혼이 시험받는 때다. 말세가 다가오면 아무도 피할 수 없다. 우리는 그런 시련을 반드시 이겨내야 한다(딤전 4:1, 2).

이상하게 들릴지 모르겠지만 오늘날에는 미온적인 신앙으로 자기만족을 위해 살아가는 사람보다 열정적인 믿음을 가진 그리스도인이 더 큰 위험에 처할 가능성이 높다. 가장 큰 하나님의 축복을 구하는 사람은 누군가가 그것을 얻을 수 있는 방법을 제시할 경우 앞뒤 가리지 않고 달려든다. 경건하다고 소문이 자자한 매력적인 인품의 소유자가 그런 방법을 제시하는 경우에는 특히 더 그렇다.

위대한 목자이신 예수 그리스도는 자신의 양떼를 늑대에게 맡기지 않으신다. 그분은 우리에게 성령과 성경은 물론 분별력을 허락하셨다. 바울은 "범사에 헤아려 좋은 것을 취하라"(살전 5:21)고 말했고, 사도 요한은 "사랑하는 자들아 영을 다 믿지 말고…"(요일 4:1)라고 했다. 또한 주님도 "거짓 선지자들을 삼가라 … 그들의 열매로 그들을 알지니"(마 7:15, 16)라고 말씀하셨다.

신앙적 경험을 판단하는 기준

모든 것을 판단할 수 있는 기준을 원하는 사람들을 위해 그 동안 내 자신의 영적 경험과 신앙적 충동의 진위를 판단할 때 사용해 온 비결 하나를 알려주고 싶다.

비결이라고 해서 그리 대단한 것은 아니다. 나는 새로운 교리, 새로운 신앙적 습관, 새로운 진리 이해, 새로운 영적 경험이 생길 경우 그것이 하나님, 그리스도, 성경, 자아, 다른 신자, 세상, 죄에 대한 나의 태도와 관계에 어떤 영향을 미치는지를 생각하곤 한다. 이 일곱 가지를 생각하면 종교적인 모든 것을 판단할 수 있다.

첫째, 신앙적인 경험을 판단하는 가장 중요한 기준은 하나님과 우리의 관계를 비롯해 그분에 대한 생각과 태도에 어떤 영향을 미치는가, 하는 것이다. 하나님의 영광을 높이는 경험이나 교리는 진리일 가능성이 매우 높다.

인간의 마음은 마치 악기와 같다. 연주자가 성령이실 수도 있고, 악령일 수도 있고, 인간의 영일 수도 있다. 종교적인 감정의 경우도 마찬가지다. 저속한 예배, 심지어는 우상숭배를 통해서도 얼마든지 즐거운 감정이 일어날 수 있다. 동정녀 마리아 상 앞에서 무릎을 꿇고 '숨이 멎을 듯한 찬양의 기쁨'을 느끼는 수녀의 경우, 그것은 분명히 종교적 경험이다. 그녀는 마치 하나님을 찬양하는 듯한 즐거운 감정과 공경심과 경외감과 사랑을 느낀다. 힌두교도와 수피교도(이슬람 신비주의자-역주)의 신비적 경험도 겉으로만 그런 척하는 위장행위로 치부할 수 없다. 심령주의자와 신비주의자의 종교적 황홀감 역시 거짓된 상상으로 폄하할 수 없다. 그것은 종종 무언가 초월적인 존재를 의식하는 데서 비롯하는 참된 체험이다. 마찬가지로 그리스도인들도 때로 도무지 이해하기 어려운 감정적인 경험에 빠져들곤 한다. 나는 그런 사람들을 만나보았고, 그들은 자신들의 경험이 하나님에 의한 것인지를 확인하기 원했다.

가장 중요한 판단 기준은 "이런 경험이 우리 주 예수 그리스도의 아버지 하나님과 나의 관계에 어떤 영향을 미치는가?"(계 4:11) 하는 물음이다.

두 번째 판단 기준은 "이러한 새 경험이 주 예수 그리스도를 향한 나의 태도에 어떤 영향을 미치는가?"이다. 오늘날의 종교가 그리스도에게 어떤 위치를 부여하든지 상관없다. 하나님은 그리스도에게 하늘과 땅의 최고의 지위를 허락하셨다. 그리스도는 모든 참된 교리와 신앙의 관습과 진정한 기독교적 경험의 중심에 서 계신다. 그리스도 없는 기독교는 그 자체로 모순이다. 하지만 요즘에는 그런 모순된 기독교가 버젓이 활개를 친다.

때로는 주님을 만나 천국에까지 올라갔다고 믿을 수밖에 없을 만큼 황홀한 심리적 경험을 하는 경우도 있다. 하지만 나중에 그리스도의 얼굴이 경험자의 의식에서 희미해지면서 심리적 현상의 참된 본질이 드러나는 경우가 많다.

하지만 새로운 경험이 그리스도를 더욱 절실히 필요로 하게 만들고, 우리의 이기심을 버리고 오직 그분만을 사모하게 만든다면 그것은 올바른 경험이라고 판단할 수 있다. 그리스도를 사랑하게 만드는 것은 하나님에게서 비롯한 것이라고 할 수 있다(마 3:17, 행 2:36, 4:12, 요 14:6).

세 번째 판단 기준은 "이것이 성경에 대한 나의 태도에 어떤 영향을 미치는가? 이러한 새 경험, 새로운 진리이해가 하나님의 말씀을 근거로 하는가?"이다. 성경말씀 밖에서 비롯한 것은 무엇이나 성경의 사상과 일치하는 것으로 판명될 때까지는 철저히 의심해야 한다. 감정이 아무리 한껏 고양되더라도 그것을 뒷받침할

만한 성경의 근거를 찾지 못하면 그 어떤 경험도 참되다고 판단할 수 없다(사 8:20).

새롭거나 특이한 것은 무엇이든 경각심을 곧추 세워야 한다. 지난 50년 간 비성경적인 개념들이 말세에 나타날 진리라는 거짓 주장을 앞세워 그리스도인들의 환영을 받았다. 성경은 말세에 더 나은 영적 경험이나 진리가 나타날 것이라고 말하지 않는다. 성경은 오히려 그와 반대되는 내용을 가르친다. 사도보다 더 지혜롭고, 초대 교회의 순교자들보다 더 거룩하다고 주장하는 사람은 누구든지 조심해야 한다.

참된 권능은 성경본문을 구성하는 문자에 있지 않고, 그것을 기록하도록 영감을 주신 성령에게서 비롯한다. 하지만 문자의 가치를 평가절하해서는 안 된다. 문자가 진리와 맺는 관계는 마치 꿀통과 꿀이 맺는 관계와 같다. 전자는 후자를 담는 용기다. 하지만 이는 완벽한 비유는 못 된다. 왜냐하면 꿀은 벌통에서 제거될 수 있지만 진리의 영이신 성령은 성경의 문자와 동떨어져 역사하시지 않기 때문이다. 성령을 더욱 깊이 알아갈수록 성경을 더욱 사랑할 수밖에 없는 이유가 바로 여기에 있다.

종교적 경험을 판단할 수 있는 네 번째 기준은 자아에 미치는 영향이다. 성령과 타락한 인간의 본성은 서로 정면으로 배치한다(갈 5:17). 성령이 우리의 마음에서 창조적으로 일하시려면 그 전에 우리의 동의를 얻어 우리의 자아를 그리스도의 인격으로 대체하는 작업이 필요하다. 로마서 6, 7, 8장은 이러한 대체작업이 어떻게 이루어지는지를 설명한다.

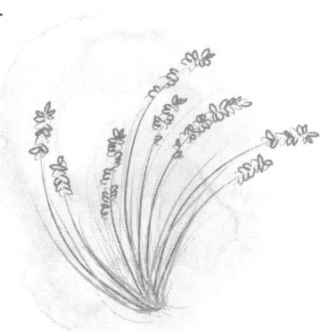

새 경험이 나를 겸손하게 만들어 자아의 초라함과 악함을 깨닫게 한다면 그것은 하나님에게서 비롯한 것이다. 이와는 달리 자기만족감을 느끼게 하는 경험은 거짓이기 때문에 자아나 마귀에게서 비롯한 것으로 판단해야 한다. 하나님에게서 비롯한 것은 결코 나의 교만이나 자긍심을 부추기지 않는다.

다섯 번째 판단 기준은 동료 신자에 대한 우리의 태도다. 때로 열심 있는 신자는 극적인 영적 경험을 한 뒤에 동료 신자들과 스스로를 구별하고 비판을 일삼는 경우가 더러 있다. 스스로 다른 사람보다 더 나은 은혜를 받았다고 생각하고, 교회에 나오는 다른 교우들을 오합지졸로 간주하는 것이다. 이는 매우 위험한 심령 상태다. 더욱이 그런 상태를 자신의 경험에 근거해 정당화하려 들기 때문에 더욱 위험하다. 그는 놀라운 경험을 했다. 결국 그가 경험한 사실이 잘못된 것이라기보다 그런 경험에 대한 그의 반응이 문제가 되는 것이다. 새로운 영적 체험이 그를 더욱더 편협한 인간으로 만들어버린 셈이다. 어떤 종교적 경험이든 동료 신자를 더 사랑하게 만들지 못한다면 거짓으로 판단하는 것이 안전하다(요일 3:18, 19, 4:7, 8, 요 13:35).

여섯 번째 판단 기준은 자신이 세상을 대하는 태도에 미치는 영향이다. 여기에서 '세상'은 아름다운 자연세계나 잃어버린 자들의 세상을 뜻하지 않는다. 물론 하나님의 은혜를 받은 사람은 자연을 사랑하고 잃어버린 자들을 안타깝게 여긴다. 하지만 내가 말하는 '세상'은 세속적인 즐거움과 경건치 못한 쾌락과 이 땅의 재물과 명예와 행복을 추구하는 삶을 의미한다. 간단히 말해 하나님의 참된 교회가 가는 길과 정반대의 길을 걸어가는 이들, 즉 지옥으로 치닫는 거듭나지 못한 인생들이 거하는 사회를 말한다(요일 2:15-17, 고후 6:14). 세상과 타협하는 영은 어떤 영이든 거짓 영이다. 세상을 모방하는 신앙 운동은 마귀의 편에 서서 그리스도의 십자가를 거스른다.

종교적 경험의 진위를 판단할 수 있는 마지막 일곱 번째 기준은 죄에 대한 자신의 태도에 미치는 영향이다. 거룩한 삶을 권장하고 죄를 관용하지 않는 경험은 모두 참된 경험으로 간주할 수 있다(딛 2:11-13).

예수님은 "거짓 그리스도들과 거짓 선지자들이 일어나 큰 표적과 기사를 보여 할 수만 있으면 택하신 자들도 미혹하리라"(마 24:24) 하고 경고하셨다. 이 말씀은 오늘날 우리 시대를 너무나 정확하게 묘사한다.[4]

믿음과 건전한 의심을 조화하라

거룩한 성소를 향해 더 가까이 접근할수록 자기기만의 위험성이 더욱 중대된다. 경건한 신자가 신앙생활을 가볍게 생각하며 쉽게 살아가는 동료 신자보다 훨씬 더 미혹되기 쉽다. 후자는 속임수에 넘어갈 수는 있어도 자기기만에 빠질 가능성은 별로 없다.[4]

대다수의 사람들은 마치 게임을 하듯이 종교도 그런 식으로

즐기려 한다. 오늘날에는 종교가 가장 많은 사람이 즐기는 게임으로 전락했다.[2]

돌보지 않는 정원에는 곧 잡초가 무성해진다. 마음의 경우에도 진리를 배양하고 거짓을 몰아내지 않으면 곧 신학적인 황무지로 변하고 만다.[4]

약간의 건전한 의혹은 우리의 영혼에 믿음만큼이나 좋은 영향을 미친다. 어떤 것을 의심하는 것은 죄가 아니지만 무턱대고 모든 것을 믿는 것은 치명적인 결과를 낳을 수 있다. 믿음은 쉽게 속아 넘어가는 것을 의미하지 않는다. 쉽사리 믿는 태도는 하나님을 영화롭게 하지 못한다. 쉽게 속는 마음은 마치 관심을 끄는 것은 무엇이든 삼켜버리는 타조와 같다. 나는 타조처럼 아무런 판단력도 없는 그리스도인들을 보았다.

건강한 영혼은 백혈구와 적혈구의 비율이 적절한 건강한 혈액과 같다. 적혈구는 마치 믿음과 비슷하다. 적혈구는 생명을 주는 산소를 온 몸으로 실어 나른다. 백혈구는 마치 건전한 의심과 같다. 백혈구는 해로운 병균이 몸에 침입했을 때 그것을 제거한다. 백혈구와 적혈구가 서로의 역할을 올바로 수행해야만 온 몸의 조직이 건강을 유지할 수 있다. 이렇듯 건강한 심장은 유해한 독소를 혈액에서 방출할 수 있는 수단을 갖고 있다. 하지만 속기 쉬운 사람은 아무 것도 의심하지 않는다. 그는 모든 것을 믿는다.

 하나님을 믿는 믿음도 중요하지만, 신비하고 비밀스러운 것을 의심하는 불신도 필요하다. 종교로 통용되는 점성술, 심령술을 비롯해 기괴하고 이상한 것들은 모두 배격해야 한다. 그것들은 모두 유해한 것으로, 진정한 그리스도인의 삶에 결코 수용되어서는 안 된다. 우리에게는 그리스도가 계신다. 그분이 곧 길이요 진리요 생명이시다.[7]

같은 주제의 보물을 담은 참고 도서
『The Divine Conquest, 성령충만한 진짜 크리스천』
『Man : The Dwelling place of God, 임재 체험』
『The Root of the Righteous, 신앙의 기초를 세워라』
『That Incredible Christian, 나는 진짜인가 가짜인가?』

GEMS FROM TOZER : **3부**

삶에서 행하라

11장 · 경건의 삶을 훈련하며
12장 · 증인의 사명을 감당하며
13장 · 거룩한 삶을 추구하며
14장 · 시대적 요청에 응답하며
15장 · 영적 부흥을 기대하며

삶에서 행하라_11장

경건의 삶을
훈련하며

영적 감수성을 길러라

두 종류의 삶이 있다. 즉, 묵은 땅 같은 삶과 경작지 같은 삶이다. 기적은 경작지에서 일어난다.[13]

바울은 육체의 가시 때문에 더 나은 사람이 될 수 있었다.[5]

다른 사람들과 똑같은 길을 가면서도 유독 하나님을 발견하는 사람이 있다. 그 이유가 무엇일까? 그런 사람들이라고 해서 특별히 하나님의 총애를 받는 것은 아니다. 차이는 하나님이 아니라 우리에게 있다.

내가 보기에 위대한 성인들이 갖는 공통된 특성은 '영적 감수성' 인 것 같다. 그들은 내면에서 무엇인가 갈망이 일어나면 즉시 모종의 행동을 취한다는 점에서 다른 사람들과 구별된다. 그들은 늘 내면의 소리에 귀를 기울이는 습관을 지녔다.

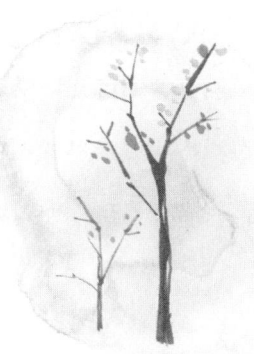

영적 감수성은 개인에 따라 차이가 있다. 그렇지만 열심히 활용하면 그 능력이 증대하고 소홀히 여겨 무시하면 현저하게 쇠퇴한다. 영적 감수성은 하늘에서 느닷없이 주어지는 불가항력적인 힘이 아니다. 그것은 하나님의 선물이지만 스스로 발견하고 배양해야 할 자질이다.

오늘날의 복음주의가 위기에 직면한 이유는 바로 이 점을 깨닫지 못하기 때문이다. 우리는 뭔가 굉장하고 극적인 행동을 원한다. 우리는 기계문명의 시대가 선호하는 방법을 하나님과 우리의 관계에 적용하려 든다. 성경 몇 장을 읽고, 짧은 묵상과 기도를 마친 후에 성급히 이리저리 성경집회를 찾아 뛰어다니는 것으로 메마른 내면을 감추려 한다.

이런 영적인 상태가 가져올 모든 비극적인 결과는 고스란히 자신의 몫이다. 따라서 시대풍조에 휘말리지 않으려는 작은 용기만으로는 부족하다. 그 이상의 단호한 결심을 하고 성경이 가르치는 방법으로 돌아가야 한다.[6]

문명사회에서 자신을 지켜라

그리스도인은 단순한 삶을 살아야 한다. 그렇지 않으면 현세와 내세에서 막대한 보화를 잃게 된다. 현대 문명은 너무 복잡해서 헌신적인 삶을 불가능하게 만든다.

과학은 인간의 삶을 편리하게 해주는지 모르나 인간의 실존을 거스르는 세계를 창조함으로써 사람들의 영혼을 앗아갔다. 문명사회는 스스로 생각할 수 있는 힘을 빼앗아감으로써 사람들을 파괴한다. 선견지명이 없는 사람들은 문명사회가 '의사전달 방식을 크게 향상시켰다' 면서 떠들어댄다. 하지만 그 결과 전략적인 위치를 점유한 소수의 사람이 수많은 사람의 머릿속에 이질적인 생각을 일괄적으로, 이해하기 쉽게 불어넣는 현상이 빚어졌다.

보통 사람들은 남이 전달해 준 생각을 별로 힘들이지 않고 수용하는 것으로 자신이 해야 할, 또 할 수 있는 생각을 다했다고 믿는다. 이와 같은 미묘한 세뇌공작이 매일같이 이루어진다.

홀로 조용히 생각하는 시간을 가져야 할 필요성이 요즘보다 더 절실했던 시기는 없었다.[5]

진심으로 헌신을 결단하라

깊이 있는 삶이라고 해서 신약성경이 증언하는 단순한 삶보다 더 깊은 삶을 말하는 것은 아니다. 깊이 있는 삶을 말하는 이유는 안타깝게도 오늘날 비참할 정도로 얄팍한 삶을 사는 그리스도인이 많기 때문이다.[12]

어떤 사람들은 맹세를 반대한다. 하지만 성경을 읽어보면 경건한 신앙의 위인들이 언약, 약속, 맹세, 서약 등을 통해 헌신을 다짐하는 모습을 종종 보게 된다. 세속적인 사람은 그런 헌신의 맹세나 약속을 하지 않는다. "나는 자유롭고 싶어. 그런 태도는 율법주의야."라고 말하기 좋아한다. 세상에는 어떤 것에도 구애

받지 않고 살기를 바라는 종교적인 부랑자들이 많다.

　우리가 지켜야 할 다섯 가지 맹세는 다음과 같다. 1. 죄를 완전히 처리한다. 2. 어떤 것도 소유하지 않는다(소유의식을 버린다). 3. 결코 자신을 변호하지 않는다. 4. 다른 사람에게 상처를 주는 행위나 말을 하지 않는다. 5. 스스로 영광을 취하지 않는다.

　이 다섯 가지 맹세는 성경책 뒷장에 기록한 뒤 곧 잊어버리고 마는 것이 되어서는 곤란하다. 이것들은 우리의 마음에 기록해 두어야 할 맹세다.[9]

생각을 정결하게 가꾸어라

　하나님의 말씀을 잘 이해하고 복종하는 것이 영적 완전함에 이르는 첩경이다. 싫어하는 것은 버리고 좋아하는 몇 가지 길만을 고집해서는 곤란하다. 온전한 그리스도인이 되려면 성경이 말하는 모든 것을 수용해야 한다.[5]

　생각을 성전처럼 정결하게 가꾸어야 한다. 하나님은 우리의 생각을 늘 달아보신다. 생각은 우리가 사는 성전을 치장하는 장식물과 같다. 우리의 생각을 그리스도의 보혈로 정화시킨다면 기름때가 묻은 겉옷을 걸치고 있다하더라도 항상 깨끗한 방에 살고 있는 것과 같다. 생각에 따라 감정상태가 달라지고, 마음에서 느끼는 기후와 날씨에 변화가 일어난다. 하나님은 생각을 우리의 일부로 간주하신다. 평화로운 생각, 자비로운 생각, 친절한 생각, 관대한 생각, 하나님에 대한 생각, 하나님의 아들에 대한 생각은 모두 순결하고, 아름답고, 고귀한 생각이다. 따라서 성령과 동행하는 삶을 살아가려면 생각을 다스려, 마음을 불결한 짐승과 새들이 기거하는 황무지로 만들지 않도록 주의해야 한다. 우리는 정결한 마음을 지녀야 한다.[11]

하나님 앞에서 자신의 삶에 엄격하라

믿음을 갖는다는 것은 성경에 깊이 몰두하는 것을 의미한다. 믿음이 능력을 발휘하려면 열심히 활용되어야 한다. 믿음은 마치 근육처럼 스트레칭을 해야 성장한다.[8]

애처로운 갈망에서 벗어나라. 얼굴을 굳세게 하라. 그리고 삶에 질서를 세워가라. 사람은 누구나 자신이 원하는 만큼 거룩해질 수 있다. 하지만 그렇게 되고자 하는 강한 소원을 품어야 한다.

흐트러진 삶을 단단히 붙들어 매라. 십일조를 바치고, 가정예배를 드리고, 빚을 청산하고, 보상할 것이 있으면 보상하고, 성경을 읽고 기도하는 시간을 마련하고, 전적으로 하나님의 뜻에 복종하라.

그리스도인답지 못한 습관을 모두 버려라. 다른 그리스도인들이 양심의 가책 없이 행동하는 것을 보면 하나님께 더 가까이 다가가라는 뜻으로 받아들여라. "다른 사람들은 그럴 수 있지만 너는 안 된다"는 말씀을 기억하고, 남을 단죄하거나 비판하려 들지 말고 더 나은 길을 찾아라.

온 마음을 그리스도에게로 향하고 항상 그분을 마음 한 가운데 모셔라. 오직 그리스도 안에서만 참된 만족을 얻을 수 있다.

성령께 마음의 문을 활짝 열어드리고, 충만히 임하시기를 기도하라. 그러면 기꺼이 그렇게 해주실 것이다. 성령의 은사를 배제한 채 성경을 해석하는 사람을 보거든 귀를 기울이지 말라. 누구나 자신이 원하는 만큼 성령 충만한 삶을 살 수 있다. 성령이 들어오실 수 있도록 마음을 비워라.

스스로에 대해서는 엄격하고 다른 사람에게는 관용을 베풀라. 자기의 십자가를 짊어지고 다른 사람의 등에 십자가를 지우지 말라.

늘 하나님의 임재를 의식하며 살고자 노력하라.⁴

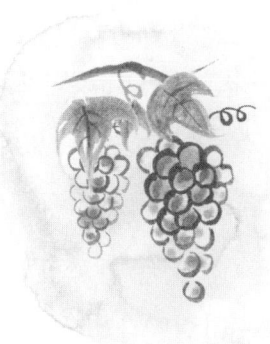

주님의 가족으로 연합하라

"이 비밀은 너희 안에 계신 그리스도시니 곧 영광의 소망이니라." 나는 마귀가 두렵지 않다. 마귀는 나를 조종할 수 있다. 그는 내가 생각할 수도 없는 술수에 능하다. 하지만 마귀는 내가 연합되어 있는 분은 결코 조종할 수 없다. 마귀는 내 안에 살아계시는 그리스도를 제멋대로 할 수 없다.¹⁰

개인적인 회개와 믿음이라는 고독 가운데서 그리스도께 나아가는 사람은 또한 그분의 가족으로 다시 태어난다. 교회는 하나님의 가족이다. 교회는 신앙이 어린 신자들을 양육하는 이상적인 장소다. 갓난아이를 홀로 내버려두면 절대로 정상적으로 성장할 수 없듯이 다른 신자들과 교제하지 않는 신자는 결국에는 큰 고통을 당할 수밖에 없다. 그런 신자는 결코 정상적으로 성장할 수 없다.¹

주님은 우리가 완전한 그분의 소유가 되기 전에는 충분히 축복하실 수가 없다.²

같은 주제의 보물을 담은 참고 도서

『Of God and Men_1960, Christian Publishing』

『The Pursuit of God, 하나님을 추구함』

『Five Vows for Spiritual Power_a sermon booklet』

『God's Greatest Gift to Man_a sermon booklet』

『Keys to the Deeper Life, 신앙의 깊이를 더하라』

삶에서 행하라_12장

증인의 사명을 감당하며

하나님이 우리를 필요로 하시는가?

그리스도의 심판은 얼마나 많은 일을 했느냐가 아니라 할 수 있는 일을 얼마나 이행했느냐를 기준으로 한다. 하나님은 얼마만큼을 바쳤느냐보다 드릴 수 있는 것 가운데 얼마를 드렸으며, 주어진 은사의 한도에서 얼마나 많은 것을 남겼느냐를 더 중요하게 생각하신다. 내가 행한 봉사의 가치는 세상의 필요와 그것을 위해 얼마나 능력껏 일을 했느냐에 따라 결정된다.

바친 것의 규모나 양보다는 얼마나 정성이 담겼느냐에 의해 가치가 판단된다. 자신의 전부를 바치지 않는 한 사실 바쳤다고 할 수 없다. 사랑과 희생으로 자신의 전부를 드리지 않고서는 하나님이 인정하실 만큼 드렸다고 할 수 없다.[8]

하나님은 전능하시기 때문에 그 어떤 도움도 필요로 하지 않으신다. 헌데 20세기 그리스도인들은 마치 하나님께 자선을 베푸는 듯이 행동한다. 우리는 자신을 너무 고귀하게 생각한 나머지 자기가 하나님께 없어서는 안 될 존재라고 믿고 은근히 자부심을 느낄 때가 많다.

하나님의 사랑이 그분을 곤경에 처하게 만들었고, 또 그분 스스로는 그런 처지를 쉽게 극복하지 못하실 것이라는 판단 아래 마치 도움의 손길을 제공하려는 듯 기독교 사역에 뛰어드는 젊은 이들이 매우 많다. 이런 심리에 약간의 고상한 이상주의와 사회적 약자들을 동정하는 마음이 더해져 오늘날 기독교 사역의 대부분이 이루어지고 있다.

물론 하나님이 홀로 만족하는 분이시라는 진리가 기독교의 활동을 가로막는 걸림돌이 되어서는 곤란하다. 오히려 그것은 모든 고귀한 노력을 가능하게 하는 원동력이다. 자신을 과신하는 잘못을 범하지 않고 성경적인 관점에서 이 진리를 올바로 이해한다면 힘겨운 도덕주의의 굴레에서 벗어나 그리스도가 제공하시는 쉬운 멍에를 짊어진 채 성령의 능력으로 하나님의 영광과 인류의 행복을 위한 사역에 자신을 헌신할 수 있다. 하나님은 그 누구의 도움도 필요로 하지 않으시지만 기꺼이 자신을 낮추시고, 복종하는 자녀들을 도구 삼아 그들과 더불어 선한 사역을 이루어 가신다.[3]

먼저 증인에 합당한 영성을 가지라

그리스도를 믿는 신앙은 성급하게 사역의 현장으로 뛰어들지 않는다. 주님이 정하신 때를 기다려야 할 필요가 있다. 하지만 성미가 급한 사람은 기다리는 일을 힘겹게 생각한다. 그는 쉽게 포기해버리고 곧 다른 일에 관심을 기울인다.[4]

교회의 과업은 온 세상에 기독교 신앙을 전하는 것과 전파된 기독교가 신약성경이 보여주는 것처럼 순수한 기독교가 되게 하는 것이다. 기독교는 항상 그런 순수함을 이어가야 한다. 신령하지 못한 세속적인 교회는 자기를 꼭 닮은 변질된 기독교를 전할 수밖에 없다. 성경은 물론 중인의 성품이 회심자의 인격에 지대한 영향을 미친다.

복음을 땅 끝까지 전하는 것이 교회의 가장 우선적인 사명이라고 생각하는 이들이 많다. 하지만 그건 잘못된 생각이다. 교회의 가장 우선적인 사명은 중인의 역할을 감당하기에 합당한 영성을 지니는 것이다. 주님의 명령에는 "가라"와 "기다려라"가 동시에 존재한다. 가기 전에 기다리는 것이 먼저다. 제자들이 오순절 이전에 선교사역을 시작했더라면 큰 실패로 끝나고 말았을 것이다. 그 이유는 그들 자신을 닮은 회심자들을 양산할 것이 분명하기 때문이다.

활력을 잃은 부패한 기독교를 이방 땅에 전파하는 것으로는 그리스도의 선교 명령은 물론 이방인들에 대한 우리의 책임을 결코 완수할 수 없다. 그렇게 하면 절반만 그리스도를 따르는 사람들만이 늘어나는 결과를 낳을 뿐이다.[5]

영원한 승리를 바라보라

우리가 싸움에서 승리했는지 패배했는지를 현장에서 바로 결정짓기는 어렵다. 이따금 실패했다고 생각했는데 승리로 나타날 때도 있고, 승리했다고 믿었는데 실패로 나타날 때도 있다.

우리 주님은 살아 계실 때와 마찬가지로 죽으실 때도 침착함을 잃지 않으셨다. 그분은 일의 결과가 어떻게 될지를 잘 알고 계셨다. 그분은 명백한 패배로 보이는 자신의 죽음이 인류에게 무한한 행복을 안겨 주리라는 걸 아셨다.[7]

예수님은 당시의 종교지도자들과 군중에게 불신과 배척을 당하셨다. 심지어 친구들도 그분을 버렸다. 그것으로 볼 때 예수님의 죽음은 명백한 실패였다. 하지만 부활을 통해 그분의 영광스런 승리가 입증되었다.

안타깝게도 오늘날의 교회는 아무 것도 깨닫지 못한 듯이 보인다. 그저 세속적인 성공을 거두려는 욕망으로, 분주한 비버처럼 종교적인 활동을 하기에 급급할 뿐이다.[1]

타협을 하는 순간 모든 긴장이 완화된다. 사탄은 싸움을 중단하는 사람을 더 이상 귀찮게 하지 않는다. 하지만 싸움을 중단하는 순간 갈등은 없지만 정체된 삶을 시작한다. 영원한 생명을 소유한 우리는 그런 삶을 결코 용납할 수 없다.⁸

비탄하기를 그치고 위를 바라보자. 하나님이 우리와 함께 계신다. 그리스도께서 부활하셨다. 하나님이 성령을 충만하게 부어주신다. 우리는 이 모든 사실을 신학적 진리로 믿는다. 믿음과 사랑과 복종을 통해 그와 같은 진리를 영적으로 체험하는 것은 우리의 몫이다.⁸

같은 주제의 보물을 담은 참고 도서
『The Knowledge of the Holy, 하나님을 바로 알자』
『Of God and Men_1960, Christian Publishing』
『The Root of the Righteous, 신앙의 기초를 세워라』
『That Incredible Christian, 나는 진짜인가 가짜인가?』

삶에서 행하라_13장

거룩한 삶을
추구하며

하나님과의 관계를 회복하라

　많은 그리스도인을 심각하고 곤혹스럽게 만드는 문제는 하나님이 멀리 계시는 듯한 느낌이다. 하나님이 멀리 계신다고 느끼는 한 주님 안에서 기뻐하기는 어렵다. 그것은 마치 태양도 없이 따뜻한 온기와 밝은 빛을 가지려고 노력하는 것과 같다.
　영적인 문제에서는 공간의 개념을 과감하게 배제해야만 올바른 생각이 가능하다. 하나님은 영이시다. 영은 공간에 거하지 않는다. 공간은 물질과 관계가 있을 뿐 영은 공간을 초월한다. 우리는 하나님을 공간적으로 멀게 혹은 가깝게 생각해서는 안 된다. 하나님은 무한하시다. 하나님의 무한성은 모든 공간을 포괄한다. 어떤 공간도 하나님을 담을 수는 없다. 하나님은 공간을 초월하시다(대하 6:18).

그러나 인간이 하나님을 '멀리 떠났다'는 말은 옳은 표현이다. 하나님은 이스라엘 백성을 향해 "너희 마음에 내게서 멀도다"라고 말씀하셨다. 하나님과의 관계가 멀다 혹은 가깝다는 말은 물리적인 거리가 아니라 닮음과 닮지 않음을 뜻하는 표현이다. 인간과 하나님 사이에서뿐만 아니라 피조물들 사이에서 소원한 느낌이 드는 이유는 서로의 차이 때문이다.

하나님과 인간이 도덕적으로 닮지 않았다는 사실을 뜻하는 성경의 표현은 '단절'이다. 타락한 인간의 본성은 예수 그리스도를 통해 계시된 하나님의 본성과 정확히 반대한다. 도덕적인 유사성이 없기 때문에 서로 교통하지 않는다. 하나님이 공간적으로 멀리 계시는 듯한 느낌이 드는 것도 바로 그 때문이다. 그런 잘못된 느낌 때문에 기도할 의욕이 상실되고, 생명에 이르는 믿음을 갖지 못하는 죄인들이 많다. 사실 하나님은 우리가 우리 자신에 대해 가까운 것보다 더욱 우리와 가까이 계시다(행 17:27, 28).

영적 침체를 예방하라

그러면 죄인이 하나님과 자신을 갈라놓은 구렁을 뛰어넘을 수 있는 방법은 무엇일까? 단언하건대 자신의 힘으로는 불가능하다. 영광스런 복음의 증언대로, 그리스도께서 다리가 되어주신다(골 1:21, 22). 우리는 거듭남을 통해 하나님의 본성에 참여한다. 그 순간 하나님과의 차이가 좁혀지기 시작하고 하나님이 만족하실 때까지 성령의 역사를 통해 성화의 과정이 진행된다.

하지만 거듭난 영혼도 때로 하나님이 멀리 계시는 듯한 느낌에 시달릴 수 있다. 그 이유는 무엇일까? 첫째, 어떤 이유에서 하나님을 의식하며 살아가는 마음이 일시적으로 단절되었기 때문이다. 그런 경우에는 빛이 회복될 때까지 어둠 속에서도 하나님을 끝까지 신뢰해야 한다. 둘째, 잘못된 태도나 악한 생각, 또는 성격상의 결함 때문이다. 그런 경우에는 기도도 열심히 하고 올바른 신앙을 갖고 있는데도 하나님이 멀리 계시다는 느낌이 든다. 악한 태도나 생각은 하나님의 형상과 거리가 멀다. 그것은 하나님과 우리 사이에 심리적인 괴리감을 만들어낸다. 악을 제하여 버리고 믿음을 가지면 하나님이 가까이 계신다는 느낌이 회복될

것이다. 하나님이 먼저 우리를 멀리하시는 일은 결코 없다.[1]

신앙이 침체상태로 접어드는 것이 불가피한 일은 아니지만 매우 흔하게 일어난다. 영적 침체기를 경험하지 않는 그리스도인은 거의 없다. 때로는 문제의 원인이 도덕적이기보다는 물리적인 데 있기도 하다. 즉, 주님의 일을 하면서 피로를 느끼는데도 쉬지 않고 지속하면 누적된 피로 때문에 영적 침체기에 접어들기 쉽다.

적당한 휴식을 취하고, 솔직하게 기도하며, 다양한 활동을 통해 삶의 리듬을 적절히 조절하고, 전진하라는 하나님의 명령에 귀를 기울이며, 항상 모든 일을 믿음으로 조용히 대처해 나가야만 영적 침체상태를 예방할 수 있다.[8]

말씀을 가까이 하라

하늘 아버지께서 우리가 현재와 내세에 영원한 행복을 누리도록 우리를 지속적으로 섭리의 은총으로 돌보신다는 사실을 믿을 때 우리 영혼에 참된 평화와 기쁨이 흘러넘친다.[3]

우리가 성경을 멀리하도록 만드는 것은, 그것이 겉으로는 아무런 해가 없어 보일지라도 우리의 원수다. 하나님과 영원한 것을 묵상해야 할 시간에 나의 관심을 빼앗는 것은 영혼에 해를 입힌다. 삶에 대한 염려와 근심으로 성경말씀을 멀리한다면 상실의 고통을 경험할 수밖에 없다. 원수는 내가 성경 대신에 다른 것을 받아들이도록 나를 속이고 기만하여 영원한 혼란 속에 빠트릴 것이다.[8]

의지를 바꿔라

진리를 추구하는 그리스도인이라면 누구나 "어떻게 온 마음을 다해 하나님을 사랑하고, 또한 이웃을 내 몸처럼 사랑할 수 있는가?"라는 곤혹스러운 질문에 봉착할 수밖에 없다. 마음으로는 그렇게 하고 싶지만 행동으로는 할 수 없다. 기쁨의 감정이 샘처럼 솟아나질 않는다. 과연 어떻게 해야 그 계명을 지킬 수 있을까?

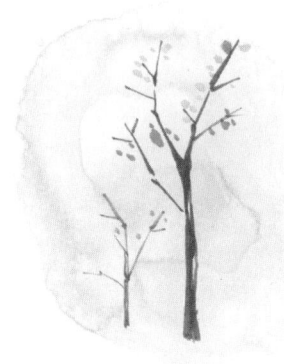

두 종류의 사랑이 존재한다는 사실만 알면 당장에라도 어둠에서 벗어나 밝은 빛줄기 안으로 걸어 들어갈 수 있다. 두 종류의 사랑이란 바로 감정적인 사랑과 의지적인 사랑이다. 전자는 감정에서 비롯하고, 후자는 의지에서 비롯한다. 성경이 말하는 사랑은 감정적인 사랑이 아니라 의지적인 사랑, 즉 '마음의 의지적인 성향'에서 비롯하는 사랑이다(이 표현은 다른 사람에게서 빌린 것이다). 신앙이란 의지에 달려 있기 때문에 의를 행하는 것이다. 의지는 영혼을 올바로 인도하는 안내자와 같다. 감정이 아닌 의지가 도덕적인 방향을 결정한다. 인간의 본성에 자리한 악의 뿌리란 곧 부패한 의지를 말한다. 탕자는 돼지우리에서 고개를 쳐들고 "이제 일어나 아버지께로 돌아가야겠다."하고 말했다. 아버지의 집을 떠난 것도 그의 의지였고, 다시 돌아가겠다는 생각을 갖게 된 것도 그의 의지였다.

온 마음으로 하나님을 사랑하려면 먼저 그렇게 하겠다는 의지를 가져야 한다. 하나님을 사랑하지 못했던 우리 자신을 깊이 뉘

우치고 이 순간부터 하나님께 우리의 모든 것을 헌신하겠다는 결심이 필요하다. 그러면 우리의 감정이 '마음의 의지적인 성향'을 따라 움직이면서 큰 기쁨이 솟아날 것이다. 바꾸어 말해, 우리의 감정이 의지에 의해 길들여져 올바른 방향을 향해 나아갈 수 있다. 그 순간 우리는 말로 다할 수 없는 그리스도의 사랑을 맛볼 수 있다. 삶 전체가 마치 정교한 악기처럼 우리를 사랑하셔서 귀하신 보혈로 우리의 죄를 씻어주신 주님을 찬양하게 될 것이다. 하지만 그렇게 되려면 먼저 의지가 필요하다. 그 이유는 의지가 마음을 관장하기 때문이다.[4]

죄만 우리의 삶을 무미건조하게 만드는 것은 아니다. 신학자들은, "종교는 의지 안에 놓여 있다."라고 말한다. 궁극적으로는 우리의 의지가 무엇을 지향하느냐가 가장 중요하다. 감정이란 인생살이를 곁들인 일종의 음악 연주처럼 의지적인 행위에 수반되는 아름다운 행진곡과 같다. 시온을 향해 나아갈 때 행진곡이 울려 퍼진다면 참으로 유쾌한 일이겠지만, 그것이 반드시 필요한 것은 결코 아니다. 참 신앙만 있다면 우리는 감정이 뒤따르지 않아도 얼마든지 하나님과 동행할 수 있다.[7]

마음을 지켜라

　세상에서 가장 넓은 곳은 우주공간이 아니라 무한한 잠재력이 담겨 있는 인간의 마음이다. 인간의 마음은 하나님의 형상으로 창조되었기 때문에 사방을 향해 무한히 팽창할 수 있는 능력을 지녔다. 세상에서 가장 불행한 비극 가운데 하나는 마음을 자기 자신 외에는 아무 것도 비집고 들어갈 수 없는 좁은 공간으로 축소시키는 것이다. 그리스도인은 세상에서 가장 넓은 마음을 지녀야 한다. 생각이 짧고 마음이 좁다는 것이야말로 그리스도인에 대한 가장 신랄한 비판이 아닐 수 없다. 물론 그런 비판이 모두 옳다는 것은 아니다. 하지만 그런 비판이 제기된다면 우리는 기도와 성찰을 통해 우리의 마음을 진지하게 점검해야 한다.

　이렇게 타락한 세상에서는 진지한 그리스도인이 악에 대한 지나친 반발심 때문에 신앙인들에게서 흔히 발견되는 질병인 냉소주의에 치우칠 위험성이 항상 도사린다. 시대의 흐름을 거스르며 살다보니 자신도 모르는 사이에 비판을 일삼는 습관이 형성되어 관용과 사랑을 도외시 한 채 다른 사람의 문제를 냉혹하게 판단하는 결과를 낳게 되는 것이다.

그런 냉소적 태도를 특히 위험하게 만드는 것은 냉소주의자의 견해가 대체로 옳다는 점이다. 그의 분석은 정확하고, 그의 판단은 건전하다. 하지만 그 모든 사실에도 불구하고 냉소주의자의 태도는 안타깝고 두렵게 느껴질 정도로 잘못되었다.

비판을 일삼는 냉소적인 태도를 치유하려면 감사하는 습관을 들이는 것이 무엇보다 중요하다. 감사에는 놀라운 치유능력이 있다. 감사하는 마음에는 냉소주의가 비집고 들어올 수 없다.[7]

종교적인 신경과민인지 아니면 진정한 영적 의무감인지를 구별하려면 자신의 참 모습을 알아야 할뿐더러 신중한 태도가 필요하다.[4]

종교적인 신경과민에서 비롯하는 행위는 종종 우리가 추측한 것 이상의 파장을 불러일으킨다.[5]

설혹 우리의 생각이 옳다고 해도 다른 사람들을 우리의 생각에 맞추려 하기보다 겸허한 태도로 그들의 입장을 존중해 주는 것이 더 중요하다.[5]

사탄은 우리가 잘못된 교리를 신봉하든지 아니면 비판을 일삼는 신자가 되든지 전혀 개의치 않는다. 어느 쪽이든 승리는 그의 것이기 때문이다.[8]

하나님의 능력을 소유하라

다른 사람들과 경쟁하려 들지 마라. 우리 자신을 하나님께 드리기를 힘쓰면 다른 사람들이 어떻게 생각하든지 하나님이 원하시는 사람이 될 수 있다. 도움이 되지 않는 것이 무엇인지 애써 알려고 하지 마라. 요령을 부리려는 생각을 버리고 매 순간 마음으로 기도하는 법을 배워라. 기도의 능력은 어떻게 사느냐에 달려 있다. 올바른 삶을 살아야만 올바른 기도를 드릴 수 있다. 어린아이와 같은 정직성과 겸손과 솔직함을 간직하려고 노력하라. 단순한 마음을 구하라. 이것저것 너무 많이 읽지 말되, 내면의 삶에 중요한 것은 더 많이 읽어라. 헛된 생각을 일삼지 말고, 영혼의 눈으로 그리스도를 바라보라. 영적인 집중력을 발휘하라.[5]

그리스도인은 가장 위대한 능력을 발휘하는 순간에 회심이전 만큼이나 연약해 질 가능성이 높다. 회심 이전과 이후의 변화는 하찮은 인간의 능력을 벗어버리고 무한한 하나님의 능력을 소유하게 되었다는 데 있다. 말하자면 연약한 데서 강한 데로 옮겨진 셈이다. 하지만 그 능력은 자신의 것이 아니다. 그것은 그리스도 안에 거하는 자에게 주어지는 하나님의 능력이다. 성경은 "오직

여호와를 앙망하는 자는 새 힘을 얻으리니"(사 40:31)라고 말한다.[8]

같은 주제의 보물을 담은 참고 도서

『Born After Midnight, 능력』

『Of God and Men_1960, Christian Publishing』

『The Root of the Righteous, 신앙의 기초를 세워라』

『That Incredible Christian, 나는 진짜인가 가짜인가?』

삶에서 행하라_14장

시대적 요청에
응답하며

새로운 지도자가 필요하다

지금은 다시 성령의 인도를 구해야 할 때다. 인간이 주도권을 잡고 살아온 결과 너무 많은 희생이 뒤따랐다. 인간의 주도 아래 온갖 세속적이고 비성경적인 방법과 활동이 난무해 교회의 생명이 위협받는 지경에 이르렀다.[2]

우리는 밝히 볼 수 있는 능력을 받아야 한다. 짙은 안개를 뚫고 바라볼 수 있는 사람, 즉 선견자의 예지를 지닌 신앙적 지도자가 필요하다. 그런 사람들이 속히 나타나지 않으면 오늘의 세대는 돌이킬 수 없는 파국을 맞이할 것이다. 어쩌면 그런 사람들이 나타난다 해도 그 중 몇 사람을 한갓 형식주의에 불과한 정통이라는 이름으로 십자가에 못 박을 것이다.[7]

기록된 문서를 읽는 서기관과 앞길을 내다보는 선지자 사이에는 대양과도 같은 엄청난 차이가 있다. 오늘날 정통을 자처하는 서기관들은 넘쳐나지만 선지자는 거의 보이지 않는다. 서기관의 엄격한 목소리가 복음주의 진영 전체에 울려 퍼지지만, 교회는 내면의 눈으로 베일을 꿰뚫고 놀라우신 하나님을 바라보는 선지자의 부드러운 목소리를 고대한다.[6]

20세기 후반에 들어선 지금, 교회가 예전의 상처에서 회복되려면 새로운 유형의 설교자가 등장해야 한다. 회당장과 같은 유형의 설교자로는 안 된다. 의무를 수행한 뒤 사례비를 챙기는 데 그칠 뿐 아무런 도전의식을 심어주지 못하는 제사장과 같은 유형의 설교자나, 부드러운 말로 기독교 신앙을 모든 사람의 구미에 맞게 변형시키는 방법을 아는 목회자 유형의 설교자도 마찬가지다. 이런 지도자들도 모두 시대를 변화시키기 위해 시도해보았지만 부족하다는 점이 드러났다. 다른 유의 지도자가 나타나야 한다. 즉 과거의 선지자처럼 하나님의 비전을 보고 보좌에서 나오는 음성을 들을 수 있는 지도자가 필요하다.

하나님의 영광을 사모하라

우상숭배란 하나님을 생각하되 그분께 합당하지 않은 생각을 일삼는 것을 뜻한다. 오늘날 교회가 짊어져야 할 가장 큰 책임은 하나님께 대한 생각을 순수하게 정화함으로써 그분이나 교회 자신에 대해 합당한 생각을 하게 만드는 것이다.[3]

세상은 악하고 시대는 점점 말세로 치닫고 있다. 에스겔 선지자가 보는 앞에서 불 구름이 성전 문을 떠나 사라졌듯이 하나님의 영광이 교회를 떠나버렸다.

아브라함의 하나님이 우리에게서 떠나버리셨고, 우리 조상들이 알지 못했던 다른 신이 우리 안에 자리를 잡았다. 이는 우리가 만든 신이다. 우리가 만들었기 때문에 그를 잘 이해한다. 우리가 창조했기 때문에 결코 우리를 놀라게 하거나 압도하거나 초월하거나 경외심을 갖게 하지 못한다.

영광의 하나님은 때로 온기와 빛을 가져다주는 태양처럼 자신을 계시하셨다. 하지만 그분은 우리의 눈을 치유해 영원한 광명을 가져다주시기 전에 종종 큰 권능으로 우리를 놀라게 하셔서 우리의 눈을 멀게 만드신다. 우리 조상들이 믿었던 하나님은 대대로 그 후
손들의 하나님이 되기를 원하신다. 우리는 사랑과 믿음과 겸손으로 그분이 거하실 수 있는 처소를 마련해 드려야 한다. 우리는 하나님을 간절히 사모하기만 하면 된다. 그러면 하나님이 우리에게 찾아오셔서 자신의 모습을 드러내신다.[3]

나는 복음주의 교회들이 '하나님을 기쁨으로 간절히 사모하는 마음'을 회복하도록 끊임없이 기도해 왔다. 정통 교리를 만드는 데 집착해서는 안 된다. 우리는 이미 과거의 바리새인만큼이나 정통이다. 하나님을 간절히 사모하는 마음이 있어야만 홍수 같고 돌풍 같은 영적 부흥과 자기부정의 신앙운동이 일어날 수 있다. 안타깝게도 우리에게서 그런 마음을 더 이상 찾아볼 수 없게 되었다.[17]

뜨거운 마음과 냉정한 판단을 유지하라

하나님의 교회에서 두 가지 위험 요소가 인정되고 회피된다. 그 두 가지는 냉랭한 마음과 성급한 판단이다.

참된 하나님의 불이라면 그 열기가 아무리 뜨거워도 상관없다는 말을 막지 않는다. 또한 성령이 인정하시는 판단이라면 종교적인 문제를 아무리 냉정하게 판단한다고 해도 상관없다는 말도 사실로 받아들인다. 그러나 교회 부흥의 역사를 돌이켜 보면 성급한 판단이 얼마나 해로운 것인지를 분명히 알 수 있다.

성령의 은사 가운데 가장 큰 효용성을 지닌 은사는 분별의 은사다. 요즘처럼 위급한 시대에는 분별의 은사를 더욱 귀중히 여기며 간절히 사모해야 한다. 분별의 은사는 알곡과 가라지를 구별하고, 성령의 사역과 육체의 사역을 구분할 수 있는 능력이다.

인간이 아무리 노력한다고 해도 성령의 역사가 일어나게 만들 수는 없다. 성급한 마음으로 노력할 경우에는 특히 더 그렇다. 하나님의 불길이 강하게 일어나더라도 구원받은 성도는 결코 냉정함을 잃지 않는다. 하나님의 불길은 마음을 타오르게 하면서도 냉정한 판단력을 유지하게 해준다. 오늘날은 종교적으로 매우 혼란한 시대다. 사랑은 활활 타올라야 마땅하지만 행동할 때는 매사에 지혜롭고 침착한 태도를 유지해야 한다. 불길은 화로에서만 타올라야 한다. 화로에서만 타오르게 조절하지 않아서 굴뚝까지 뜨겁게 달구면 열기가 사방에 전달될지 모르지만 결국에는 집 전체를 잿더미로 만들 공산이 크다. 화로는 뜨거워야 하고, 굴뚝은 차가워야 한다는 규칙을 잊어서는 안 된다.[7]

삶으로 믿음의 능력을 나타내라

영적으로 굶주린 사람들은 다음 두 가지를 가장 필요로 한다. 첫째는 성경을 아는 것이다. 성경을 등한시해서는 구원의 진리를 보장받을 수 없다. 둘째는 성령의 조명이다. 성령이 없이는 성경을 이해할 수 없다.[7]

"너희 안에 계신 그리스도가 곧 영광의 소망이다"라는 메시지가 교회에 다시금 회복되어야 한다. 우리는 신경과민이다 못해 거의 정신이상의 증세를 보이는 요즘의 그리스도인들에게 삶 가운데 능력이 있다는 사실을 보여주어야 한다.[7]

인격의 결함에서 비롯하는 죄도 겉으로 드러난 사악한 행위만큼 기독교 전체에 유해한 영향을 미친다. 몇 가지 예를 들면 과민함, 급한 성미, 인색함, 비판을 일삼는 태도, 불만스런 태도, 사나운 성질, 분노하는 마음, 잔인함, 관대하지 못한 태도 등이다. 물론 이밖에도 더 많다. 복음을 전하려고 노력하는 그리스도인들의 삶에서 이와 같은 추한 성격의 결함이 발견되기 때문에 그리스도를 믿으려고 하는 사람들이 상처를 입고 더 이상 신앙에 관심을 기울이지 않는 사태가 빚어진다. 신자답지 못한 신자야말로 기독교의 불행이다.[5]

현대 그리스도인들은 말은 많고 행동은 적다. 말에는 능한데 실천은 약하기 짝이 없다. 실천에는 희생이 따르기 때문에 말로 모든 것을 때우려고 한다. 실제로 십자가를 짊어지기보다는 "주님, 날마다 십자가를 짊어지도록 도와주소서."라고 기도하는 것이 훨씬 더 쉽다. 그런 공허한 기도만 되풀이하며 만족하는 이유는 어떤 일을 하려는 의지가 없는 상태에서 말로만이라도 주님의 도우심을 요청하면 마음의 짐이 다소 가벼워지는 느낌을 받기 때문이다.[1]

주를 위한 고난을 선택하라

발은 땅을 딛고 서야 하지만 마음은 원하는 만큼 얼마든지 솟아오를 수 있다. 평범한 삶을 거부하고 주변의 냉랭한 영적 분위기에 복종해서는 안 된다.[7]

우리가 육체에 거하는 한 다른 사람들과 마찬가지로 고난을 당할 수밖에 없다.

하지만 그리스도인만이 아는 고난이 있다. 그것은 자발적인 고난, 즉 그리스도를 위해 의도적으로 당하는 고난이다. 그런 고난은 귀하고 영광스럽다. 그것은 마치 보석처럼 진귀하다. 왜냐하면 요즘처럼 부패한 세상에는 보석을 찾으려고 어두운 터널을 뚫고 내려가기를 원하는 사람이 거의 없기 때문이다. 하나님은 그런 고난을 감당하라고 강요하지 않으신다. 하나님은 억지로 십자가를 지우시거나 우리가 원치 않는 고귀한 삶을 요구하지 않으신다. 그런 고귀한 삶은 마치 작전상의 희생물이 되어야 할 군인처럼 자신의 목숨을 돌보지 않는 자, 즉 자발적으로 그리스도를 위해 고난을 받고 마귀와 전면전을 벌이며 지옥의 분노를 자극하는 자를 위해 준비된 축복이다. 그들은 세상의 재미를 추구하지 않고 고난과 수고를 자신의 운명으로 받아들인다. 그들에게는 십자가의 표징이 각인되어 있다. 천국은 물론 지옥에서도 그들을 모르는 자가 없다. 하지만 그런 자가 과연 어디에 있을까? 그런 그리스도인은 지구상에서 전부 멸종되고 말았단 말인가?[1]

온 세상에 캄캄한 어둠이 임한 이 때에 한 줄기 밝은 빛이 드러나고 있다. 다시 말해 보수주의 기독교 내에서 하나님을 사모하는 열정을 지닌 신자들이 점점 많아지고 있다. 이 그리스도인들은 영적인 것을 추구한다. 그들은 말로 책임을 회피하지 않고 진리를 올바로 해석하는 것으로 만족하지 않는다. 하나님을 갈망하는 그들은 생명의 샘물에 흠뻑 취할 때까지 결코 만족을 모른다. 내가 살펴본 바에 의하면 이런 현상이야말로 참된 영적 부흥의 전조라고 할 만하다.[6]

같은 주제의 보물을 담은 참고 도서

『The Knowledge of the Holy, 하나님을 바로 알자』

『Of God and Men_1960, Christian Publishing』

『The Root of the Righteous, 신앙의 기초를 세워라 』

『Three Faithful Wounds_a sermon booklet 』

삶에서 행하라_15장

영적 부흥을
기대하며

사랑과 순종은 하나다

바리새인들의 마음이 황폐해진 이유는 사랑 없이 정통 교리만을 고집했기 때문이다. 성령의 역사를 통해 하나님의 사랑이 마음에 강물처럼 흘러 넘쳐야만 우리는 비로소 진정한 그리스도인이 될 수 있다. 오순절에 강림하신 사랑의 불길이 우리의 지성에 거하셔야만 우리가 확고해진다.[2]

주님은 제자들에게 사랑과 순종이 하나라고 가르치셨다. 사랑의 궁극적인 판단 기준은 순종이다.[8]

바울이 전한 믿음은 뜨거운 열정과 생명력으로 그리스도의 명령에 철저히 순종하는 믿음이었다.[13]

도덕적인 변화 없이 단지 법적 선언만으로 죄인이 구원받는 것은 아니다. 물론 구원은 법적인 신분의 변화를 반드시 필요로 하지만 개인의 삶이 실제로 변화되지 않으면 아무런 소용이 없다. 성경을 가르치는 이들이 대부분 이 점을 간과한다. 표면적인 변화 이상의 변화, 즉 개인의 삶이 그 근본에서부터 변화되어야 한다.[2]

구원은 하나님의 주권에 달렸다

은혜는 인간을 구원한다. 하지만 인간과 그의 우상을 동시에 구하지는 못한다.[4]

절대적인 자유를 누리시는 하나님이 인간에게 제한된 자유를 허락하시고자 한다면 누가 감히 그분을 만류하며 "지금 뭐 하는 겁니까?"라고 따질 수 있겠는가? 인간의 의지가 자유로운 이유는 하나님이 만사를 주관하시기 때문이다. 주권자가 아닌 신은 자신의 피조물에게 도덕적인 자유를 제공할 수 없다. 그런 신은 그렇게 하기를 두려워한다.³

구원은 우리의 관점에서 보면 선택이고, 하나님의 관점에서 보면 그분의 손에 장악되어 정복되는 것을 의미한다. 우리가 구원을 받아들이거나 원하는 것은 능동적인 행동이 아니라 수동적인 반응이다. 결정권은 항상 하나님의 손에 있다.²

세상에서 이루어지는 모든 일 가운데 신앙적인 일이야말로 만천하에 공개되어 자세히 조사되어야 한다. 교회는 속 다르고 겉 다른 말이나 교묘한 술수를 부려서는 안 된다. 교회가 하는 모든 일은 한 오라기의 의심도 남겨서는 안 된다. 참된 교회는 아무 것도 숨기지 않는다.⁵

참된 교회는 하나님의 생명을 담고 있는 그릇과 같다. 한 곳의 교회가 실패하면 다른 곳에서 다시 새로운 교회가 시작된다. 지역 교회는 죽을 수 있지만 보편 교회는 결코 죽지 않는다.⁴

기도로 순종을 대신하지 마라

개혁할 의도가 없다면 기도하지 않는 편이 낫다. 불순종을 일삼는 부패한 교회를 위해 홍수 같은 축복을 구하는 것은 시간과 노력의 낭비다. 우리는 신약성경이 보여주는 기독교로 돌아가야 한다. 그러려면 교리도 정통이어야 할 뿐더러 삶의 태도도 올곧아야 한다. 즉 구별된 삶, 단순한 삶, 진지한 삶, 십자가를 지는 삶, 복종, 겸손, 절제와 같은 미덕이 필요하다. 이 모든 것이 생각에 깊이 뿌리를 내려야 하고, 또 일상생활을 통해 실천되어야 한다. 우리는 장사꾼과 환전상을 하나님의 성전에서 몰아내고 다시 한 번 부활하신 주님의 권위 아래 복종해야 한다.[12]

오늘날 영적 부흥을 구하는 기도는 많이 하는데 정작 부흥의 역사는 일어나지 않는다. 내가 보기에 우리의 문제는 순종을 기도로 대체하는 데 있다. 그런 기도는 절대로 능력을 발휘하지 못한다. 성경에 기록된 명백한 진리를 무시하거나 능멸하면서 부흥을 위해 기도하는 것은 시간낭비에 불과할 뿐 우리의 어려운 상황을 조금도 개선할 수 없다. 기도로 순종을 대신하려는 행위를 중단해야만 기도에 응답을 받을 수 있다.[5]

오직 하나님만 바라보라

요즘 세상은 싸움터라기보다는 놀이터에 가깝다. 근본주의 그리스도인들의 대다수가 그런 식의 가치관을 가지고 살아간다. 그들은 그리스도와 세상을 동시에 즐기며 살아간다.[22]

오직 하나님께만 관심을 기울이는 집회에 참석하기란 하늘에서 별을 따는 것만큼이나 어렵다.[4]

인본주의를 버리고 성령을 귀하게 여기는 것이 하나님의 뜻이다.[2]

온유한 사람이란 열등감에 사로잡힌 겁쟁이가 아니다. 오히려 온유한 사람은 도덕적인 면에서 사자처럼 담대하고 삼손처럼 강하다. 하지만 그는 어리석게 자신을 높이지 않는다. 그는 자신의 삶을 평가하시는 하나님의 의견을 존중한다. 그는 하나님의 말씀대로 자신이 무력하고 나약한 존재라는 사실을 잘 알고 있다. 하지만 그는 하나님이 자기를 천사보다 더 귀하게 여기신다는 사실도 아울러 기억한다. 온유한 자는 자신에게는 아무 것도 없지만

하나님에게는 모든 것이 있다는 것을 삶의 좌우명으로 삼는다.[6]

하나님의 임재 가운데로 들어가라

수년간의 연구보다 한 순간 하나님의 임재에 압도되어 말없이 침묵을 지키는 그 짧은 시간에 더 많은 영적 성장이 이루어질 수 있다. 전지전능하신 하나님과 마주치는 순간 우리가 자랑하던 지혜가 단번에 꺾이고 참 진리를 깨닫게 된다. 하나님의 임재 앞에서 할 말을 잃고 엎드리는 순간 마치 감광판에 번개가 치듯이 하나님의 영감이 주어진다. 그런 순간은 매우 짧지만 그 결과는 영원하다.[7]

하나님은 구원받은 자녀 앞에 엄청난 영적 보화를 쌓아두셨다. 하지만 그들은 그것을 받아 누리려고 하지 않는다. 이것이 둘째로 큰 불행이다. 첫째로 큰 불행은 인간의 타락이다.[8]

요단강을 건너 약속의 땅에 들어가야 할 순간에 발길을 멈춘 채, 강을 건너고 싶다는 생각만 하다가 슬픈 얼굴로 다시 모래로 뒤덮인 황량한 광야(즉, 옛 생활)로 되돌아가는 사람이 많다.[1]

누구나 원한다면 거룩하고 성령 충만한 삶을 살아갈 수 있다. 충만하고 싶어도 그렇지 못하는 경우도 있다. 하지만 충만하기를 간절히 원한다면 얼마든지 충만한 삶을 살 수 있다.[1]

같은 주제의 보물을 담은 참고 도서
『Born After Midnight, 능력』
『The Divine Conquest, 성령충만한 진짜 크리스천』
『The Knowledge of the Holy, 하나님을 바로 알자』
『The Pursuit of God, 하나님을 추구함』
『This World : Playground or Battleground?_a sermon booklet』

토저는 깊이 있는 성경적 지식과 풍부한 목회적 경험을 가지고 이 시대를 향해 촉구한다. 그는 이 시대에 만연하고 있는 진부하고 피상적인 기독교로부터 벗어나 진지하게 하나님을 추구하는 길을 가도록 인도한다._제임스 몽고메리 보이스

토저는 폐부를 찌르는 문장과 시대의 획을 긋는 심오한 생각을 지닌 선지자이다. 그 강력함과 예리함은 현대 독자들에게도 충분한 가치를 안겨줄 것이다_Christian Reader

A.W. 토저는 하나님을 향한 영혼의 갈망이라는 주제에 관한 한 모든 시대를 통틀어 최고의 저자다. 그는 십자가의 역설을 누구보다 잘 잡아내었고, 독자들이 십자가를 단순한 상징으로 격하시키지 않도록 권고한다. 만약 십자가가 우리 믿음을 드러내는 단순한 상징적 장식물에 불과하다면 우리는 십자가를 이해하지 못한 것일 뿐만 아니라 엄청난 잘못을 저지르고 있는 것이다._라비 재커리어스

토저의 책은 보기 드물게 참된 신앙과 건전한 상식의 조화를 이루었다. 그는 그리스도께 헌신한 듯 보이지만 잘못된 마음으로 주 앞에 나아간 모든 영적 겉치레를 철저히 배격한다._찰스 콜슨

토저는 가라지에서 알곡을 가려낼 줄 알며, 더 중요한 것을 하찮은 것들과 분리해 낼 줄 안다. 그리고 하나님의 위대한 영광만을 드러낸다. 그가 쓴 글은 나의 마음이 하나님의 마음과 연결될 수 있도록 도와주었다_어윈 루처

우리 시대 어떤 교회의 지도자도 토저만큼 철저하게 영적인 삶을 일구어 내질 못했다_잭 헤이포드

토저는 하나님의 말씀에 반응하는 모든 그리스도인들의 삶에 영원히 변하지 않는 귀한 영적 보물을 안겨주었다._토니 에반스

| 부록 |

A.W. 토저의
생애와 작품세계
_A.W. Tozer, 1897-1963

작가로서, 편집자로서, 설교자로서, 목사로서의 44년간의 사역기간 동안 토저는 그의 교회와 교파를 넘어서 수많은 사람들의 삶에 영향을 미쳤다. 그의 책은 여전히 300만권이 넘게 전 세계적으로 보급되며 많은 이들에게 유익을 끼치고 있다. 이는 그가 남긴 유산이 시대를 거쳐 지역을 거쳐 변함없는 진리를 담고 있음을 보여준다. 자신이 책을 쓰는 일에 대한 책임을 항상 잊지 않고 생활한 사람, 오직 주님을 통해서만 의의 길로 갈 수 있음을 일찍이 깨달은 사람, 토저의 삶을 통해 왜 그가 주목받는지 살펴보자.

❝ **우리가** 다른 사람들을 위해 할 수 있는 최고의 섬김은 그들의 이야기를 하나님께 전해드리는 것이다. 그런 다음 그들에게 다가가 하나님의 이름으로 말해야 한다. 다만 이 두 가지는 우리가 하는 일이지만 오직 예수 그리스도를 통해서만 가능한 특권이다. 글을 쓰는 일은 수많은 사람들의 삶과 성품에 영향을 미칠 수 있기 때문에 고귀한 특권인 동시에 무거운 책임이기도 하다. 그럼에도 나에게 이 같은 글을 쓸 자격이 있다면, 그것은 오로지 내가 삼위일체 하나님을 사모하고, 또 주가 피로 사신 교회의 영적 싸움에 대해 애끓는 관심을 갖고 있기 때문이다. _ A.W. 토저 ❞

기도의 사람, 선지자의 삶

토저는 그의 말대로 다른 사람들의 이야기를 하나님께 전해드리는 기도하는 삶과 사람들에게 하나님의 이름으로 말씀을 선포하는 선지자의 삶을 살았다. 토저의 전기 작가인 제임스 스나이더는 "토저의 설교와 저술은 기도생활의 연장이었다."라고 말할 정도였다. 그는 기도로 끊임없이 하나님을 찾고 강단 위로 돌아와 시대와 성도와 교회를 향한 하나님의 애끓는 마음을 전했다.

토저는 살아생전에 "20세기의 선지자"로 널리 알려졌고, 세상을 떠난 이후에 더 큰 영향력으로 남아 교회의 영적 각성을 촉구하고 있다. 유행과 인기는 시대를 따라 변하지만 진리는 유행을 타지 않는다. 그의 메시지는 그 시대에만 인기를 얻는 유행이 아니었다. 그것은 토저가 자신의 이름이 아닌 오직 기도 가운데 만난 주 예수 그리스도를 통해 일하려 했기 때문이다. 하나님과 보낸 그의 삶이 어떠했기에 이토록 주목받는 글들을 남길 수 있었을까?

"내가 하나님에 대해 믿고 있는 바가 내가 어떤 사람인지를 보여주는 가장 중요한 요소다."라고 한 토저는 그 말처럼 인기가 아닌 하나님을 추구하고 자신이 깨달은 하나님에 대한 바른 지식을 전하는 데에 온 힘을 기울였다. 수많은 사역과 책을 통해 많은 사람들에게 영향력을 미쳤지만 그의 삶은 외로웠다. 토저는 현대의 영성 문제는 사람들이 하나님 앞에 설 수 있는 고독과 침묵을 추구하는 데 시간을 내지 않기 때문이라고 말했다. 그리고 자신은 사람들의 인기를 좇는 삶이 아니라 하나님과 교제하는 시간에 철저히 삶을 바쳤다.

메시지에 그 자신이 드러나지 않는 것은 사람들보다는 하나님을 추구하는 데 힘쓴 삶의 태도와 무관하지 않다. 그가 남긴 메시지가 지금까지 그토록 위대한 영향력을 가질 수밖에 없는 이유가 바로 그의 삶으로 드러난다. 그 깨달음이 오늘 그의 메시지를 곱씹으며 이 시대를 사는 우리가 또 앞으로 다음 세대를 위해 어떻게 살아갈지 가르쳐준다.

오직 하나님만을 추구했던 토저의 생애

토저는 1897년 4월 21일 서부 펜실베이니아 주 덤불언덕에 있는 작은 마을 한 농가에서 태어났다. 토저는 설교에 소박하고 진솔한 위트를 담곤 했는데 시골에서의 어린 시절이 영향을 미쳤다고 한다. 15세 때는 오하이오 주 애크론이라는 작은 마을로 이주를 했다. 그리고 17세의 어느 날 오후, 토저는 일하러 나가다가 길에서 전도자가 외치는 소리를 듣게 되었다. "만약 어떻게 구원을 받는지 모른다면, 먼저 하나님을 찾으십시오." 전도자의 말은 토저의 마음에 깊이 새겨졌다. 집으로 돌아 온 토저는 지붕 밑 작은 다락방 층계에 앉아 그 말을 되새겨 보았다. 평생토록 하나님을 추구하는 삶이 시작되는 순간이었다. 그 이후 토저의 마음은 항상 하나님을 향한 갈망으로 가득 찼다. 깨끗하게 정리된 집 안의 지하실은 토저가 기도하고 하나님의 거룩함을 묵상하는 안식처가 되었다.

토저의 경건 생활은 점차 삶의 열매로 드러났다. 그는 정규신학교육을 받지 않았지만 5년 뒤 CMA교단의 한 작은 교회에서 목사로 초청을 받게 된다. 그렇게 해서 복음주의 교단가운데 하나인 CMA(Christian and Missionary Alliance)와 함께한 44년간의 사역이 시작되었다. 1928년에는 시카고에 있는 사우스사이드 얼라이언스 교회에 초청받고, 그곳에서 31년을 사역하였다. 그가 사역하는 동안 그 교회는 꾸준한 성장을 이루어 큰 교회로 부흥했다. 토저가 사역 내내 중점을 둔 것은 선교와 그리스도 안에서의 깊이 있는 삶이었다.

토저의 설교는 쉽지 않았다. 설교를 듣고 나면 항상 깊이 생각해야 했다. "토저 목사님은 청중들이 목사님과 함께 생각하도록 만들었어요. 그의 설교에는 청중들이 그들에게 말씀하시는 하나님의 영광을 직접 대면하도록 만드는 힘이 있었어요. 쉽고 재미있는 것을 좋아하던 경박한 사람들은 목사님의 설교를 좋아하지 않았지만 진정으로 하나님을 알기 원하는 진지한 신자들은 토저 목사님을 정말 좋아했어요."

토저가 가르치고 설교한 모든 것은 하나님과 기도하며 보낸 시간 동안 나온 것들이었다. 토저는 하나님을 알기 위해 하루에 5시간 이상을 하나님과 교제하는 데 할애했다고 한다. 많은 사람들이 토저를 기도하는 사람으로 기억한다. 사람들은 교회 복도나 층계 바닥에 엎드려 기도하는 토저를 발견하곤 했다. 그의 전기 작가는 그가 책상에서 보낸 시간보다 무릎 꿇고 보낸 시간이 더 많다고 기록한다. 또한 토저가 남긴, 설교와 책으로 표현한 통찰력은 모두 기도 가운데 생각난 것들이라고 고백한다. 그래서 그가 비록 정규 교육을 받지 않았지만 하나님의 성령으로부터 직접 교육받은 하나님의 사람이라고 평가 받는다.

목회와 함께 토저는 『얼라이언스 라이프』(Alliance Life)라는 교단 잡지의 편집자로서, 성경 세미나의 교사로서, 교단의 리더로서 수많은 사역과 책임을 감당하였다. 사역 초기에는 금전적으로 매우 어려웠다고 한다. 그러나 토저는 어떤 상황에서도 그의 모든 필요를 채워주실 하나님을 신뢰하기로 서약하였다. "우리는 하나님께서 그를 신뢰하는 자녀에게 먹을 양식을 보내주시리라 확신합니다. 받은 양식을 기뻐하느라, 주신 그분께 영광을 돌리는 일을 결코 잊어서는 안 됩니다." 토저는 평생 이 원칙을 저버리지 않았다. 물질적인 것을 결코 문제로 여긴 적이 없었다. 먹을 것과 입을 것과 책만 있으면 토저는 만족했다고 말한다. 토저의 가족은 결코 차를 산 적이 없었다. 설교를 위해 여행을 갈 때에도 기차나 버스를 이용했다. 나중에 그가 유명한 베스트셀러가 된 이후에도 마찬가지였다. 그는 인세의 대부분을 가난한 사람들을 위해 사용했다.

토저는 결코 타협하지 않는 삶의 원칙을 가지고 있었다. 그가 삶에서 추구한 유일한 한 가지는 하나님을 개인적으로 아는 것과 다른 사람들이 그런 삶을 살 수 있도록 돕는 것이었다. 그는 하나님과의 깊고 충만한 관계에 거하는 것만이 인생에서 가꾸어야 하는 유일한 가치임을 전하였다.

토저에게는 자신이 어떤 사람인지를 알려주는 7가지 점검사항이 있었다.

    첫째, 나는 무엇을 가장 원하는가?
    둘째, 나는 무슨 생각을 가장 많이 하는가?
    셋째, 나는 돈을 어떻게 사용하는가?
    넷째, 나는 여가 시간에 무엇을 하는가?
    다섯째, 내가 즐겨 만나는 사람들은 누구인가?
    여섯째, 내가 존경하는 사람은 누구이고 감탄하는 것은 무엇인가?
    일곱째, 나는 어떤 일에 웃음을 짓는가?

그는 이 질문들에 답함으로서 자기 자신이 무엇을 추구하는 사람인지 알 수 있다고 하였다.

그러나 토저도 연약한 인간이었고, 완벽한 사람은 아니었다. 그가 대부분의 시간을 사람들과 떨어져 하나님과 교제하는 데 보냈기 때문에, 그의 가족들은 외로웠다. 토저가 아내나 아이들과 불화가 있는 모습을 보인 적도 없으나 불화를 드러낼 만큼 서로 대화하거나 가깝게 지내지도 못했다. 가족과의 관계는 하나님께 모든 것을 바친 사역자의 삶에 드리운 그늘이었다. 그러나 말씀에 대한 그의 사랑은 가정생활에도 스며있었다. 훗날 딸 레베카는 "아버지에 대한 최고의 기억은 잠자리에서 들려주셨던 놀라운 성경 이야기예요."라고 회고했다.

토저의 마지막 사역지는 캐나다 토론토의 애비뉴 로드 교회였다. 1963년 4월 12일 월요일, 마지막 설교를 마치고 얼마 지나지 않아 토저는 66세로 생을 마감했다. 애크론에 있는 작은 묘지에 묻힌 토저의 묘비에는 "A.W. 토저 - 하나님의 사람"이라는 짧은 글이 적혀 있다.

토저가 그의 마지막 설교를 마치고 눈을 감을 때 그가 시무했던 시카고와 토론토 두 교회가 함께 장례예배를 드리며 애도하였다. 사람들은 마지막까지 그의 설교를 기억했다. 그는 결코 큰 소리를 내어 강하게 외치지 않았지만 설교를 듣는 사람들의 마음속에는 용광로에서 쏟아지는 뜨거움이 밀려들어왔다고 한다. 어둠에 덮여있던 시대였지만 새로운 영적 각성의 메시지로서 사람들은 토저의 설교를 듣기 원했으며 그의 설교를 통해 힘을 얻었다. "하나님의 사람"이라는 짧은 묘비명만을 남긴 채 그는 하나님을 추구하는 그의 삶을 마치고 드디어 하나님 곁에 머무는 영원한 소망을 이루었다.

토저가 남긴 유산, 시대를 뛰어넘는 진리

토저는 무디성경연구소에서 운영하는 라디오 방송국에서 설교를 하여 도시 전역으로 그의 말씀을 선포했다. 그러나 그는 강단에서뿐만 아니라 하나님께서 자신을 다른 방식으로도 사용하기 원하신다는 것을 깨달았다. 그는 강단에서 선포한 말씀들을 글로 적어내려가기 시작했다. 간결하지만 강력하게 자신의 생각을 표현했고, 하나님의 능력을 힘입은 언어들로 주의 자녀들을 양육했다. 그의 말씀은 사람들의 마음을 꿰뚫고 그들이 하나님을 찾도록 이끌었다.

목회 사역과 함께 그가 평생을 지속한 사역은 바로 『얼라이언스 라이프』(Alliance Life)지의 편집자였다. 그는 고정 칼럼을 통해 당시 교회의 영적 해이를 날카롭게 짚어내며 각성을 촉구했다. 1950년 6월 3일 첫 번째 편집판을 내던 날 토저는 다음과 같은 글로 자신의 입장을 밝혔다. "성장이라는 가도를 향해 달려가느라 열심을 내는 사람들 틈에서 시대의 흐름에 역행하여 느린 걸음을 걷는다는 것은 분명 대가를 요하는 일입니다. 하지만 영원의 관점에서 보면 하나님께서 갚아주십니다. 진정한 크리스천이라면 눈앞에 놓인 일에만 관심을 가져서는 안 됩니다."

사람들은 왜 토저의 글이 그가 살아있을 때만큼 아니, 그때보다 지금 더 생생하고 강력한 영향력을 지니며 시기적절한 지적을 할 수 있는지 궁금해 한다. 그것은 토저가 밝힌 입장대로, 사람들이 흔히 다루는 눈앞의 것과 당장 반응을 일으킬 수 있는 쉽고 경박하고 사소한 일들에 관심을 기울이기보다, 사람들 마음 깊은 곳에 자리 잡은 본질적인 곳에 도달하고자 했기 때문이었다.

토저가 무엇보다 교회에 남긴 가장 큰 유산은 바로 그의 책들이었다. 그는 20세기의 가장 통찰력 있는 저자 가운데 한 사람으로 복음주의에 큰 영향을 미쳤다. 토저의 수많은 책들은 스테디

셀러로 지금도 출간되고 있다. 토저는 하나님의 임재 앞에 살면서 교회를 향해 명료하고 분명한 선지자적 메시지를 남겼다. 그는 엘리야의 열심을 가지고 하나님의 영광을 추구했고, 예레미야의 심정으로 교회의 불신앙을 애통해했다. 그러나 결코 절망의 메시지를 남기지 않았다. 토저는 교회의 연약함과 타협을 드러내고 교훈하며 권고했다. 또한 하나님은 항상 우리와 함께하시며, 회복할 때까지 신실하시며, 듣고 순종하는 이들에게 약속을 이루시는 분임을 알리는 소망을 선포했다.

토저의 대표작 소개

토저의 책들은 대부분 그의 사후에 편집되었다. 그가 살아생전 직접 낸 책들은 『하나님을 추구함』(The Pursuit of God), 『하나님을 바로 알자』(The Knowledge of the Holy), 『신앙의 기초를 세워라』(The Roots of Righteous), 『신앙의 깊이를 더하라』(Keys to the Deeper Life) 등이다. 이 책들은 모두 중요한 영향력을 끼치고 있는 대표작이자 영성 고전으로 자리를 잡았다.

그 가운데 토저의 대표작으로 손꼽을 수 있는 책은 『하나님을 추구함』(The Pursuit of God)이다. 이 책에는 저자의 깊은 통찰력과 온건하고 신선한 필체와 그의 사고방식 전반이 모두 담겨 있다. 토저 평생의 갈망이었던 하나님을 추구함과 하나님을 향한 갈망을 가진 사람들을 위해 토저가 심혈을 기울여 쓴 책이다. 토저를 이해하기 위해서는 반드시 읽어야 할 책으로 현재까지 출판된 책 가운데 하나님을 추구하는 영성에 관한 한 가장 훌륭한 책이라고 해도 과언이 아니다. 이 책은 사역자들에게 실패를 불러오는, 마음의 근본적인 열정이 사라지는 질병을 치료하는 약과 같다. 토저는 하나님을 발견하는 데 도움을 주기 위해 이 책을 썼으며, 수많은 사람들이 이 책을 통해 하나님을 진정으로 추구하는 삶이 무엇인지 깨닫고 주님 앞으로 나오도록 이끌고 있다.

『하나님을 추구함』(The Pursuit of God) 다음으로 관심을 가져야 할 토저의 대표작은 바로 『하나님을 바로 알자』(The Knowledge of the Holy)이다. 미국의 대표적인 크리스천 매거진인 『크리스처니티 투데이』(Christianity Today)가 20세기 복음주의의 가장 영향을 미친 책 50선에도 선정한 이 책은 하나님과 그리스도, 성령, 교회, 성경 그리고 오늘날 이 세상을 향한 그리스도인의 책임에 관한 토저의 사고관이 모두 담겨 있다. 토저는 하나님에 관하여 알고 있는 바가 그 사람에 대한 모든 것이라고 말했던 바대로, 그가 아는 하나님의 지식을 모두 담아 놓았다.

다음으로 생각해 봐야 할 책은 『신앙의 기초를 세워라』(The Root of the Righteous)이다. 이 책은 "고요한 신앙 수필이 아니라 치열한 삶의 한복판에서 탄생한 것이다."라고 말한 토저의 말과 같이, 우리가 꼭 생각해야 하고 고쳐야 하고 바로 살아야 할 문제들을 아주 시원하게 설명해 준다. 약 5년에 걸쳐서 여러 장소, 각기 다른 흥미로운 환경에서 기록되었기 때문에 그리스도인의 삶을 밀접하게 다룬 것이 특징이다. 우리가 일상에서 경건한 삶을 위해 노력하고 신앙을 발전시킬 수 있는 기초적인 요소들을 아주 정확하게 설명한다. 총 46편으로 나누어 상세히 설명한 경건 생활의 기초를 다지는 내용들을 통해 우리의 삶을 되돌아 볼 수 있는 귀중한 기회가 될 것이다. 이 책은 토저 생전에 출간된 것으로, 『얼라이언스 라이프』(Alliance Life)지를 통해 밝힌 교회와 신앙생활의 지침들로 구성되었다.

토저의 사후에 이 책의 후편 격으로 나온 다음 편이 또 다른 토저의 명저로 읽히는 『능력_거듭난 자의 삶에 드러나는 힘』(Born after Midnight)이다. 『신앙의 기초를 세워라』(The Root of the Righteous)가 삶과 밀접히 연관된 현장을 다루었다면 이 책은 거듭난 그리스도인의 삶에 드러나야 할 신앙생활 지침을 좀 더 구체적으로 다루었다. 두 권 모두 토저가 생각하고 있는 크리스천의 신앙생활의 핵심을 잘 다룬 책이다.

토저가 목회사역 내내 중점을 둔 부분은 바로 그리스도 안에서의 깊이 있는 삶이었다. 『신앙의 깊이를 더하라』(Keys to the Deeper Life)는 바로 토저가 추구했던 더 깊이 있는 삶에 대해 가장 잘 정리한 책이다. 이 책은 토저의 생전에 출간되었을 뿐 아니라 인터뷰까지 담겨 있어 토저가 가장 중점을 둔 사역에 대해 그의 진정어린 통찰력을 엿볼 수 있다.

또한 토저의 사후에 출간되었으나, 그의 사고 가운데 정수를 담아 출간한 책이 바로 『하나님이 원하시는 진짜 예배자』(Whatever happened to Worship?)와 『성령충만한 진짜 크리스천』(The

Divine Conquest)이다. 토저는 하나님을 추구하는 마음은 삶에서 예배로 드려져야 한다고 강조하며, 어떻게 예배하는 삶을 살아야 하는지 고민하였다. 그리고 오직 예수 그리스도를 통해 성령의 능력을 힘입고 행하는 삶만이 하나님 앞에 가치를 가진다고 여겼다. 성령 충만이 없는 삶은 진정한 크리스천의 삶이 아니었다. 그가 크리스천의 삶에서 가장 중요하게 여긴 예배와 성령 충만의 핵심이 바로 위 두 권에 담겨 있다.

또한 토저의 관심사 중에서 빼놓을 수 없는 것이 교회이다. 토저는 교회의 타협과 영적 해이를 크게 걱정하며, 늘 애끓는 마음으로 교회를 향해 각성할 것을 촉구했다. 20세기의 선지자 토저가 그의 외침을 시대와 교회에 적용한 책이 바로 종교적이고 형식적인 교회의 부패에서 벗어나라는 『습관적 신앙에서 벗어나라』(Rut, Rot or Revival)이다. 이 책은 본질을 잃고 프로그램과 이벤트에 빠진 종교적 교회에 일침을 가하고 있다. 교회의 개혁과 부흥을 다룬 이 책은 어두웠던 그의 시대를 향한 영적 각성의 촉구는 물론 오늘날 이 시대의 교회에도 동일한 영적 부흥의 회복을 돕고 있다.

『토저가 추구한 하늘 보화』(Gems from Tozer)는 토저의 사후 얼마 지나지 않아 그의 핵심 메시지만을 추려 발간하였다. 21세기에 나온 다른 토저 책들과의 차별점이라면 토저 생전에 출간되었던 책들과 설교를 중점으로 한 점이다. 사후에 출간된 책들보다 토저 생전의 목소리를 통해 토저 자신의 생각을 직접적으로 생생하게 담아내는데 중점을 두었다.

토저의 갈망, 토저의 기도

토저의 책은 가볍게 술술 읽히지 않는다. 만일 그 자리에 앉아 단 번에 재빨리 읽어내려 가려 한다면 체증에 걸릴지도 모른다. 토저의 책은 예배를 드릴 때처럼 천천히 묵상하면서 읽어야 한다. 마음으로 책을 읽으며 그가 이야기한 하나님을 삶에서 만나기 위해 노력한다면 틀림없이 하나님께서 우리의 귀를 열어 그분과의 깊은 관계로 인도하실 것이다.

토저는 "책과 독서에 관한 몇 가지 생각들"이라는 글에서 가장 좋은 책은 단순히 어떤 사실을 전달하는 책이 아니라 스스로 어떤 정보를 찾아볼 수 있도록 도전하고 자극하는 책이라고 밝혔다. 이런 생각은 그의 독자들이 성경을 찾아보게 만들고 그 책에 담긴 진리들을 진지하게 생각해보도록 이끄는 힘이 되었다.

토저는 자기가 말한 대로 살았고, 그 삶을 책에 담아 영적인 갈망과 모든 삶에 걸친 철저한 헌신과 신학적 숙고와 사역의 통합이 어떻게 이루어질 수 있는지 보여주었다. 이것이 바로 오늘날까지도 변함없이 그의 책이 많은 사람에게 영향을 끼치며 독자들을 하나님 앞으로 되돌아가게 만드는 이유일 것이다. 그는 비록 떠나고 없지만 여전히 하나님을 경험하기를 갈망하는 사람들에게 책을 통해 사역하며 외친다.

토저는 자신의 독자들이 더욱 하나님을 느끼고 알고자 갈망하도록 이끄는 데 자신의 책이 쓰임 받기를 원했다. 그런 평생의 갈망을 기록한 기도문이 그의 삶과 저서에 대한 모든 것을 담은 토저의 간절한 염원을 드러내고 있다. 그 기도문으로 오늘날에도 외치고 있는 토저의 목소리를 전달하고자 한다.

"오, 하나님, 저는 당신의 거룩함을 맛보았습니다.

그 거룩함이 저를 채우시지만

당신을 향해 더욱 목마르게 만들기도 합니다.

저는 더욱 은혜를 사모하는 마음에 고통스럽기까지 합니다.

오히려 그 갈망이 부족해 부끄러운 지경입니다.

오, 하나님, 삼위일체의 하나님,

당신으로 저를 채우시길 원합니다.

주를 향한 갈망으로 가득차길 원합니다.

여전히 더욱 갈급하기만 합니다. 당신의 영광을 제게 보여주소서.

그리하여 참으로 주님을 알 수 있길 간구합니다.

제 안에 새로운 사랑의 역사를 보여주시는 자비를 베푸소서.

제 영혼에게 '일어나라, 나의 사랑아. 나의 사랑스러운 이여.

함께 가자' 라고 말씀하시옵소서.

제가 헤매는 이 낮고 어두운 땅에서 벗어나

당신을 향해 일어서서 당신 뒤를 따를 수 있는 은혜를 주시옵소서.

예수님의 이름으로 기도합니다. 아멘."

주: GEMS FROM TOZER

1. Born After Midnight, 능력
2. The Divine Conquest, 성령충만한 진짜 크리스천
3. The Knowledge of the Holy, 하나님을 바로 알자
4. Man : The Dwelling place of God, 임재 체험
5. Of God and Men_1960, Christian Publishing
6. The Pursuit of God, 하나님을 추구함
7. The Root of the Righteous, 신앙의 기초를 세워라
8. That Incredible Christian, 나는 진짜인가 가짜인가?
9. Five Vows for Spiritual Power_a sermon booklet
10. God's Greatest Gift to Man_a sermon booklet
11. How to be Filled with the Holy Spirit, 이것이 성령님이다

12. Keys to the Deeper Life, 신앙의 깊이를 더하라

13. Paths to Power_a sermon booklet

14. Total Commitment to Christ_a sermon booklet

15. Worship-Missing Jewel of The Church, 이것이 예배이다

16. Does God Always Answer Prayer?_a sermon booklet

17. Three Faithful Wounds_a sermon booklet

18. The Holy Spirit is Indispensable_a sermon booklet

19. The New Birth : A Major Miracle_a sermon booklet

20. The Old Cross and the The New_a sermon booklet

21. The Waning Authority of Christ in the Churches_a sermon booklet

22. This World : Playground or Battleground_a sermon booklet

사명선언문

너희가 흠이 없고 순전하여……세상에서 그들 가운데 빛들로
나타내며 생명의 말씀을 밝혀 _ 빌 2:15-16

1. 생명을 담겠습니다
만드는 책에 주님 주신 생명을 담겠습니다.
그 책으로 복음을 선포하겠습니다.

2. 말씀을 밝히겠습니다
생명의 근본은 말씀입니다.
말씀을 밝혀 성도와 교회의 성장을 돕겠습니다.

3. 빛이 되겠습니다
시대와 영혼의 어두움을 밝혀 주님 앞으로 이끄는
빛이 되는 책을 만들겠습니다.

4. 순전히 행하겠습니다
책을 만들고 전하는 일과 경영하는 일에 부끄러움이 없는
정직함으로 행하겠습니다.

5. 끝까지 전파하겠습니다
모든 사람에게, 땅 끝까지, 주님 오시는 그날까지
복음을 전하는 사명을 다하겠습니다.

서점 안내

광화문점 서울시 종로구 새문안로 69 구세군회관 1층
02)737-2288(T) 02)737-4623(F)

강남점 서울시 서초구 신반포로 177 반포쇼핑타운 3동 2층
02)595-1211(T) 02)595-3549(F)

구로점 서울시 구로구 시흥대로 577 3층
02)858-8744(T) 02)838-0653(F)

노원점 서울시 노원구 동일로 1366 삼봉빌딩 지하 1층
02)938-7979(T) 02)3391-6169(F)

분당점 경기도 성남시 분당구 황새울로 315 대현빌딩 3층
031)707-5566(T) 031)707-4999(F)

신촌점 서울시 마포구 서강로 144 동인빌딩 8층
02)702-1411(T) 02)702-1131(F)

일산점 경기도 고양시 일산서구 중앙로 1391 레이크타운 지하 1층
031)916-8787(T) 031)916-8788(F)

의정부점 경기도 의정부시 청사로47번길 12 성산타워 3층
031)845-0600(T) 031) 852-6930(F)

인터넷서점 www.lifebook.co.kr